投资学入门

TOUZI XUE RUMEN

张中华 马嘉骏◎编著

U0452154

中国纺织出版社有限公司

内 容 提 要

"你不理财，财不理你"，财富不会主动找上门来，任何一个人想要实现财富增值，都要学习一些投资理财的知识和技能，从而为未来的幸福生活做打算。

本书将投资基础理论与心态调节知识相结合，阐述了多种理财基础知识、理财方法和理财工具，内容涉及到我们生活中主要的理财产品，旨在帮助生活中的投资者积极乐观、冷静客观地应对各种投资状况，并结合具体典型的实例，实用性强，希望能对广大投资者有所帮助，助你实现财富梦。

图书在版编目（CIP）数据

投资学入门 / 张中华，马嘉骏编著. -- 北京：中国纺织出版社有限公司，2022.5
ISBN 978-7-5180-9160-7

Ⅰ. ①投… Ⅱ. ①张… ②马… Ⅲ. ①私人投资—基本知识 Ⅳ. ①F830.59

中国版本图书馆CIP数据核字（2021）第231683号

责任编辑：闫 星　责任校对：高 涵　责任印制：储志伟

中国纺织出版社有限公司出版发行
地址：北京市朝阳区百子湾东里 A407 号楼　邮政编码：100124
销售电话：010—67004422　传真：010—87155801
http://www.c—textilep.com
中国纺织出版社天猫旗舰店
官方微博 http://weibo.com/2119887771
天津千鹤文化传播有限公司印刷　各地新华书店经销
2022年5月第1版第1次印刷
开本：710×1000　1/16　印张：13
字数：159千字　定价：39.80元

凡购本书，如有缺页、倒页、脱页，由本社图书营销中心调换

前言
Preface

　　有人说，金钱不是万能的，但没有金钱是万万不能的，金钱的作用早已毋庸置疑，吃饭需要钱、穿衣需要钱、住房需要钱、上学需要钱，看病也需要钱……我们的生活离不开金钱，我们参与工作，其中最重要的目的之一也是为了获取生活的资本，如果没有钱，我们寸步难行。金钱在我们的生活中如此重要，人们才努力赚钱，然而现代人赚钱的方式已经从传统的上班工作上升到了投资理财上。

　　那么，什么是投资？投资是指当期投入一笔资金而期望在未来获取较高的收益。举个很简单的例子，如果你手头有一万元闲钱，你可以在假期时带上家人出去旅游几天，然后吃上几顿大餐，大家可以过一个愉快的假期，但你也可存入银行，存一年或者更长时间，然后获得利息，或者买债券，等待五年后可获得利息，或者买入股票或基金，等待分红或涨升，再就是在他人开的店或者公司内参股，获得分红。

　　以上两种情况，前面一种情况是花掉金钱（价值），获得消费与全家的享受。后面几种情况是放弃现在的消费，以获得以后更多金钱，这就是投资。

　　当然，投资的方式有很多，比如储蓄、股票、基金、债券、保险、外汇、期货、信托、黄金、房地产、典当、收藏、创业等，可以说，现代社会，人们的投资意识越来越强，毕竟"你不理财，财不理你"，学会投资理财，能让我们手中的财富快速稳健地升值。

　　然而，投资有风险，为什么一些人在投资市场顺风顺水、赚得满满当当，也有一些人不但没赚到钱，反而亏了很多？当然，原因有很多，一方面可能是因为他们掌握的基础投资知识不牢固，或是投资技巧不娴熟、对市场的判断不准确等，还有一种可能就是投资心态的浮躁，有人说投资其

实就是拼心态，一些投资高手们最后的较量并非纯粹的投资技巧，而是心理控制和调节的较量，最后，谁能战胜自己的心魔，谁能克服人性弱点，谁就是最后的赢家。

也有一些人认为，理财是富人们的游戏，需要花费时间和心血，其实都不然，理财是一种理念、一种思维、一种生活态度，是需要我们贯穿一生都要践行的理念，就是将花钱、赚钱、省钱和存钱有机统一起来的一种方式。

对于现在的你来说，也许储蓄并不多，这就更需要你懂得理财和找到有效的投资途径，只有懂得规划你的财产、学会用钱赚钱，你才有可能实现财富梦。

本书就是一本针对新手的投资入门书，详细阐述了很多有效的投资方式，包括很多投资工具，比如储蓄、股票、基金、房产、债券等，既有理财基础知识，又有理财技巧，还有风险控制和规避方法，让读者朋友们轻松掌握各种理财方法，是一本值得年轻人阅读和学习的理财读物。最后，我们要说的是："投资本身没有风险，失控的投资才有风险。"而良好的心态能帮助你控制整个局面，从而获得财富，赢取成功。

编著者

2021年8月

目录
Contents

第一章　投资前做好准备，降低投资风险　‖001

第一节　明确投资目标　‖002

第二节　分散投资，降低风险　‖005

第三节　投资要随经济形势摆动　‖007

第四节　选择适合自己的投资　‖008

第五节　选择最佳投资组合　‖012

第二章　为自己找个老师，汲取投资大师的致富秘籍　‖015

第一节　本杰明·格雷厄姆：价值投资法的一代宗师　‖016

第二节　巴菲特：股神的"三要三不要"　‖019

第三节　邓普顿：投资之父的16条投资法则　‖021

第四节　安德烈·科斯托兰尼：投资的"十律"与"十戒"　‖024

第五节　泰勒·巴纳姆：马戏团大亨的理财方法　‖027

第三章　财富之路始于脚下，尽早培养理财观念　‖031

第一节　认识投资学　‖032

第二节　财富之路始于脚下　‖035

第三节　合理配置资产　‖038

第四节　有钱不是投资的前提　‖040

第五节　学习投资知识　‖044

第四章　储蓄投资，最简单稳妥的投资方式　‖047

　　第一节　认识储蓄投资　‖048

　　第二节　了解储蓄的种类　‖052

　　第三节　储蓄从节俭开始　‖055

　　第四节　储蓄投资配置大法　‖058

　　第五节　储蓄方案有讲究　‖060

第五章　股票投资：股市有风险，投资需谨慎　‖063

　　第一节　了解股票投资　‖064

　　第二节　炒股就是炒心态　‖068

　　第三节　读懂股票术语　‖074

　　第四节　初入市股民如何看盘　‖083

　　第五节　炒股须知之k线入门　‖088

　　第六节　学会挑选赚钱的好股票　‖096

第六章　基金投资：让你最为省心的投资渠道　‖101

　　第一节　挑选、配置基金的技巧　‖102

　　第二节　申购与赎回基金的时间　‖104

　　第三节　基金投资的风险　‖107

　　第四节　基金投资　‖109

　　第五节　了解基金的种类　‖112

第七章 期货投资：相对于现货交易的投资方式 ‖115

　　第一节　读懂期货术语　‖116

　　第二节　期货投资的策略　‖123

　　第三节　了解期货投资　‖129

　　第四节　了解期货市场的特点　‖131

　　第五节　期货投资前的准备　‖133

第八章 保险投资：保障和投资合二为一的投资方式 ‖137

　　第一节　了解保险投资　‖138

　　第二节　如何购买保险　‖140

　　第三节　快速理赔不求人　‖151

　　第四节　了解保险的种类　‖152

　　第五节　投保的基本原则　‖155

第九章 债券投资：将风险指数降到最低的投资方式 ‖159

　　第一节　了解债券投资　‖160

　　第二节　债券投资的收益　‖164

　　第三节　债券投资的风险　‖168

　　第四节　债券投资的基本渠道　‖171

　　第五节　债券与其他投资方式的联系与区别　‖174

第十章　外汇投资：你最应学会的投资方式　‖183

第一节　主要的外汇投资品种　‖184

第二节　读懂外汇术语　‖188

第三节　外汇投资的策略　‖191

第四节　了解外汇　‖194

第五节　认识汇率　‖195

参考文献　‖200

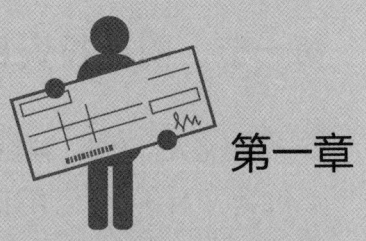

第一章

投资前做好准备，降低投资风险

第一节　明确投资目标

投资理财是人生大计，但在真正开始投资前要明白自己投资的目的。有了明确的投资目的，才能有计划地开始投资，因为目的越清楚，你就会越懂得投资的意义，也就越有利于投资计划的实施。一般而言，人们的主要投资理财目标不外乎以下六点，这也是所有投资者在把自己的资金投向市场之前必须首先明确的。

第一个目标是获得资产增值。资产增值是每个投资者共同的目标，理财就是将资产合理分配，努力使财富不断累积的过程。

但是，我们也应该明白，投资增值并不是最终的理财目标，而是我们达成人生目标的手段。理财分为财富的积累、财富的保障、财富的增值、财富的分配四个阶段，不同的年龄段有不同的理财需求。比如刚刚毕业的年轻人，处于财富积累阶段，他们最大的投资应该是自身投资，比如多参加一些培训，拥有更多的本领以便挣更多的钱。而对于一些有经济实力和投资能力的人来说，则应该明确投资目标和方向。

第二个目标是保障老有所养。中国人都有养儿防老的习俗，随着老龄化社会的到来，现代家庭呈现出倒金字塔结构，孩子越来越少，因此，尽早制订适宜的投资理财计划，保障自己晚年生活独立、富足，是现代人面对的共同问题。养老计划中要考虑退休的年龄、预计退休后每年的生活费用、预计通货膨胀率、预计退休后每年的投资回报率。通货膨胀率和投资回报率有一个数量的关系，做理财的时候一定要算算账。

第三个目标是保证资金安全。资金的安全包括两个方面的含义：一是保证资金数额完整；二是保证资金价值不减少，即保证资金不会因亏损和

贬值而遭受损失。

真正的投资者，要有一种节制态度，不是赚得越多越好，而是要清楚产品的风险和收益情况。比如投资股票和基金，好的情况可能有40%、50%的收益率，但坏的情况可能会赔掉20%、30%，甚至于更多，其上下限很宽。而像银行理财产品，最好的收益可能并不高，只有3%、3.5%，但最坏的情况也没有多坏，本金几乎不损失，它的上下限很窄。一般来说，好与坏发生的概率是有时间性的，可能一段时间很多人去买基金，就是人们普遍认为它发生坏情况的概率比较低，或者说一到两年之间发生坏情况的概率比较低，但两年之后，可能出现坏情况的概率就比较高了。所以，我们不但要对概率的风险性有很好的把握，对概率的时间性也要有一定的认识和把握。

第四个目标是提供赡养父母及抚养教育子女的基金。"老有所养""幼有所依"是中国自古以来的传统，现代社会在这两方面的成本都很高，对我们每个人来说都是不小的挑战。父母的年龄、父母什么时候退休、子女目前的年龄、预计上大学的年龄、有无留学计划、去哪个国家读书、读大学的时间、大概需要多少钱，这些都是投资时必须考虑的因素。因此你要有一个教育基金规划。

第五个目标是预防意外事故。正确的理财计划能帮助我们在风险到来的时候，将损失最大可能地降低。所谓意外伤害是指非本意的、外来的、不可预料的原因造成的身体严重创伤的事件。由于意外风险不可预料，它对家庭的伤害也很大，让人倍感生命的脆弱。所以，理财的过程中应该考虑意外的事故，如大病、自然灾害等。

第六个目标是提高生活质量。经济状况的逐渐改善，是提高生活质量和增加生活乐趣的基本保证。我们投资理财的目的就是使我们的财务状况处于最佳状态，满足各层次的需求，从而拥有一个幸福的人生。

投资者知道自己的投资目标是什么之后，才能决定如何买卖。若目标

不清楚，明明只是想保本，却投资高风险的项目，投资哪有不败之理？

假设你现在月收入5000元左右，有近10万元的资金可以投资，你会选择先买房？还是购买轿车？或者自己创业？换句话说，你会怎样运用这10万元进行投资呢？

投资目标直接决定了你的风险承受能力，也就是说一旦该笔资金出现亏损甚至血本无归，能给你带来的最坏的后果是什么。如果损失后果非常严重，是你根本无法承受的，那么这个投资目标就是完全不可取的。如果你很年轻，刚刚开始积累资金，除了单纯的资金升值，对该笔资金并没有特殊的计划，你很愿意用它来检验你的投资能力以得到获取最大收益的可能性，那么说明你的风险承受能力较强，或者说你属于风险喜好型的投资者，适合你的投资方式也是比较激进，那就是高风险、高回报的投资品种。当然，如果你对这笔资金有一定计划，如为孩子准备的教育资金，或者为退休以后准备的养老金，那你对资金的稳定性和增值能力都有一定要求，你便是典型的稳健型投资者，需要进行长期风险相对较低、回报稳定的投资，从而获得最佳、最安全的投资收益。

你还应注意的一个问题是，你的投资期限，也就是你进行投资的这笔资金最长的闲置时间。一般情况下，这与你的投资目标有关，当然也可能与你生活中的特殊需要有关，它直接决定着你投资的流动性。

同样的10万元资金，投资1年与投资10年的意义显然不同，当然所获得的收益也会大不相同。例如，你的资金在三五年内用不到，你希望用其投资来获得相对稳健的投资收益，则可以考虑短期国债等，但如果你的资金属于生活备用金，需要随时提取应付不时之需，你就应慎重对待你的投资计划。一些需要签订几年投资协议、放弃资金使用权的投资方式显然就不适合你了，你应当考虑股票、基金等容易变现的投资品种。

投资期限与收益率存在一定的相关性。尤其是一些长期投资项目，如信托等，由于在较长的一段时间内放弃了资金的使用权，同时也放弃了利

用这笔资金获得更大收益的权利，而且，你还需要承担长期内利率上升、通货膨胀等各种因素带来的实际收益率下降的风险。因此，此类投资品种的收益率一般都要比同类短期投资品种高。

第二节　分散投资，降低风险

一个农妇是村里有名的养鸡专业户，她喂养的鸡个个肉质肥嫩，自家母鸡还能多下蛋。听说邻近的集市上鸡蛋的价格卖得很高，农妇决定拿出自家的鸡蛋去集市上卖。

农妇找到一个很大的篮子，把所有鸡蛋都统统装到这个篮子里。刚要出门时，农妇的丈夫见此情景，忙提醒农妇："不要把所有鸡蛋都放在同一个篮子里，这样太危险了！你最好换小一点的篮子多装几篮。"

农妇不以为然地说："这一篮子鸡蛋能有多重，去年我还用它背过更沉的山果呢！你放心吧，没问题。"

哪知，当农妇把装满鸡蛋的篮子猛一拎起来时，突然篮子的底部豁开，所有的鸡蛋全都掉在地上摔碎了，无一幸免。

农妇追悔莫及，坐在地上痛哭。农妇的丈夫走过去看着坏掉的篮子，回头安慰农妇说："这个篮子好久不用了，多处藤条已经快断了，哪里承受得住那么多鸡蛋的重量？以后注意一点就行了，既要好好检查一下篮子是否结实，也要避免把所有鸡蛋放在同一个篮子里。安全永远是最重要的！"

是集中投资，还是分散投资？这是投资界争论已久的命题。集中投资被形象地称为把所有鸡蛋放在一个篮子里。这种投资策略的优点是可以集中资本获得较大收益，还可以减少损耗的成本。但是它潜在的风险确实巨大，无异于一次豪赌。因此，在一般的情况下，除非你有巴菲特或者索罗斯的眼光或力道，否则还是谨慎小心为好，分散投资为妙。

很多外行的理财者不可避免地有着对环境、思维方式和资本运作等方面的认知局限，不可能较为全面、准确地把握某个企业和股票市场的全部信息，所以分散投资是最为保险的选择。市场有好几千种股票，每年都会爆出"地雷"，有时候还会"连爆"，"重伤"的投资者至少数以万计。那些误踩"地雷"的散户，他们不清楚如何掌握所投资产业的真实兴衰和公司业绩警讯，往往带着"赌一把""碰运气"的想法扎进股市，而市场给他们的结果常常是一个个让人不堪回首的惨痛教训。

经济学上，常常会用"不要把所有鸡蛋放入同一个篮子里"来提倡理性投资，切忌"毕其功于一役"的赌徒做法。毕竟多数散户是在拿自家的血汗钱玩"生钱游戏"，对自己的投资项目最好还是进行优化组合。

但是，分散投资要避免过犹不及和矫枉过正。放置鸡蛋的篮子如果太多了，反而是麻烦事。既牵扯你的大量精力，也会在实操过程中遭遇追踪困难、分析不到位等客观障碍。因此，专家建议一般只选择两三个"篮子"就可以了。既能分散风险，又相对易于掌控。比如"股神"巴菲特就是喜欢把长期的投资组合集中在特定的几只股票上。

投资的基本原则有三点：安全第一，流动第二，获利第三。忽略安全因素，不要说是获利，可能马上就会面临惨赔。任何投资都应该先控制风险，再追求报酬。散户投资者有舍才有得，毕竟人的精力和时间有限，一鸟在手胜过百鸟在林，了解并呵护好手中的鸡蛋，才能更好地控制出手时机，把控风险。

股票投资失利常常不是对象的问题，更多时候是因为过度分散、无暇顾及。风险和报酬不相称，输钱的概率当然比赚钱的概率高。

话又说回来，投资是分散才能降低风险，还是集中才能降低风险，结论也不是绝对的，具体的情况还要具体分析。在正确的时机上怎么做都有理——"蛋"怎么放、放多少，靠我们自己把握了！

第三节　投资要随经济形势摆动

全球经济逐步进入一体化时代，一个国家、一个地区的经济震荡，都会影响世界各国经济形势的走向。这几年受美国次贷危机带来的连锁反应，世界各国纷纷采取了不同的应对措施，在这些不同的措施下，是否存在投资机遇？这就需要我们对经济形势做出明确的判断，这样才能抓住机遇、确定投资方向，从而带来良好收益。

经济形势就是整个社会的风向标，投资项目的选择要随风而动，这样，个人经济利益的大船才能继续航行。

当经济形势趋于稳中有升的局面时，投资者可选择投资股市、房产、基金、收藏等投资方式。由于这个时期，整个社会逐步趋向繁荣，影响社会发展的不利因素较少。因此，投资这些项目的升值空间较大，收益率较高。

在经济形势全面繁荣时期，这个时候投资任何一种项目都会赚钱。由于社会经济繁荣，整个社会越来越富裕，社会全面支持各项事业发展，这个时候是社会的大发展时期，但是在这种繁荣的背后很可能就隐藏着经济"杀手"，一旦"杀手"出现，那么造成的后果是不堪设想的。20世纪90年代初的日本社会是何等的繁荣，可是一夜之间整个经济大厦崩塌，日本人用了15年时间才恢复过来。2008年的美国金融危机发生之前，整个社会的各种信息都是利好的，但是繁荣的美国经济依然出现了坍塌，而这次的"坍塌"影响了全世界。因此，在经济形势大好的情况之下，我们要做到有备无患，要记住永远都要给自己留一条后路。

当经济形势不利的时候，投资者可以选择收藏、黄金、房产等投资项目。此时，各种经济发展的不利因素都展现出来，人们投资的方向就要选择一些能够长时间保值的项目。这些项目尽管在时下可能还有下跌的趋势，但由于其抗风险能力较大，一旦经济形势利好，这些是首先上涨的投

资项目。

黄金是抗通胀能力较强的投资品种，它是一种买了之后压在箱底也能增值的投资品。而激进的投资者可以保持对股票市场、期货市场的关注。随着经济形势的整体复苏，大盘走势虽有震荡，但总体上会呈现出一种震荡上升的态势。在这个过程当中，投资者一定要有抗风险能力，此时一不留神，便会套牢其中。期货市场，在这个时期也是激进投资者涉足的投资行业。利用经济形势发展和时间上的关系，从中谋取更多利润。

第四节　选择适合自己的投资

一天清晨，一个乞丐在讨饭的时候走进一片森林，不小心迷了路。到中午时分，乞丐的肚子饿得咕咕叫，却还没有走出森林讨到食物，于是他决定捕捉活物来填饱肚子。

乞丐寻来觅去，发现一只熊正在树下午睡。于是，乞丐心想："这个猎物很肥美，够我吃上半个月的了。"他一边这么想着，一边抱起一块很大的石头，悄悄地走近熊，准备给其致命一击。然而熊很警觉，它猛然睁开了它那双凶狠的眼睛，吓得乞丐"妈呀"一声扔开了石头，拼命地逃跑，直到发现没有熊的踪迹后，他才坐在大树下喘了口气。

没多久，乞丐又发现了一只野狗，他想："这东西块头虽然小了一点，不过还是够我吃上几天的了。"于是他随手拎起一根木棍向野狗打去。哪知道野狗"功夫了得"，不仅一口把乞丐的木棍咬断，还用锋利的爪子抓破了乞丐的衣服和皮肉。乞丐奋力与野狗厮打，情急之下爬上了树才转危为安。

乞丐望着野狗远去的身影，总算松了一口气。待在树上避难的时候，乞丐注意到树枝上有一些小麻雀飞来飞去，这回他心想："得了，甭管是

什么了，能吃到嘴里就行了！"

乞丐用一个小树杈和兜上的皮筋做成一个简易的弹弓，然后瞄准麻雀射了过去。乞丐在这方面还算是行家，出手即命中，总共射下了十只麻雀。乞丐把射下来的麻雀串成串，放在火上烧烤，美美地饱餐了一顿。吃饱了，人有力气，脑子也就清醒了，乞丐终于在天黑之前走出了森林。

事后，乞丐得出一条宝贵的经验：原来，用弹弓打鸟才是自己最有效的猎食方法。

就如同这个乞丐谋生的方法一样，投资的方式和渠道也是多种多样的。政策环境和自然环境是在变化的，每家每户的情况不同，投资的方式也是不同的，没法强求一律，也不能照搬照抄别人的投资模式。究竟投资者应该选择什么样的投资项目呢？总的原则为首先看投资收益率的高低，然后看投资风险的大小。

正如前面所述，如果人生是一次旅行，那么就可以将投资和理财看作人生旅行中的财务安排，其中最主要的是考虑三步"棋"：首先，明确你现在的位置（经济现状）；其次，你想到哪里去（财富目标）；最后，考虑怎样才能到达目的地（具体手段）。毫无疑问，各种投资工具的运用在其中是最有力的一步，只有它才能让投资者通过投资极大地改善个人和家庭的财务状况，帮助投资者梦想成真，顺利到达目的地。

每个人都有发财梦，但是想要实现这个梦想，就要从个人实际储蓄和收入出发，投资理财一定要量力而行，不要让投资成为自己的负担。

首先，对于刚刚达到温饱的这类人来说，由于抗击风险的能力比较小，因此选择一些基金类、保险类的稳健型投资比较好。

为父母选择一份合适的养老保险，建立一笔养老基金，为父母身体健康提供长期保障。同时还要给孩子留一笔教育经费，孩子将来上学也是家庭一笔不小的开支，要在孩子年龄小的时候就开始着手准备。因此，选择为家庭做出良好的保障是这类人士最需要解决的问题。

其次，小康家庭有了一定的储蓄，手中的闲钱相对较多，可以选择一些投资周期较长，回报较高的项目。股市是一个不错的选择，还有债券投资也能满足这类家庭的投资需要。

小康家庭投资房产是比较明智的选择，这种不动产需求随着经济迅速增长和城市化发展的加速，在未来很长一段时间内都会保持一定的增长。投资房产能为这样的家庭提供几十年的稳定收益。股市也是小康家庭的选择，这样的家庭有了一定的抗风险能力，对于这种风险较大的投资方式也可以试一试。债券投资的时间长，收益稳定，对于手中有一定闲钱的家庭来说也很合适。

最后，如果是家庭富裕者，能够拿出大笔的资金进行投资，这样的家庭可以选择实业投资、期货投资等风险性较大的行业。

实业投资由于其前期的投资成本较大，一般的家庭是承受不起的，但是对于家庭富裕的人士来说，具备了这种资金优势。只要选好项目就可直接进行投资。

实业投资、期货投资的回报很大，但是风险也大，由于这些家庭的抗风险能力很强，因此这些投资方式很适合富裕家庭。

明确了自己的财力之后，可以接着分析一下自己的性格类型，来选择合理投资方式。

性格是一个人与生俱来的特征，有些人生性豪放，喜欢刺激；有些人生性保守，喜欢宁静。在投资过程当中性格也起到很大的作用，毕竟投资最终是自己的事情，赚了钱放入自己的腰包里，赔了钱当然也得自己负责，别人给你的只是建议而已。

那些喜欢刺激，把冒险看作浪漫的人，可选择投资股票。股票的涨跌可以给你带来很大的刺激，在股海中沉浮就需要这样的激情。

拥有坚定的目标，厌恶变化无常的生活，不愿冒险的人，可选择投资国债。国债收益稳定，很适合这类人的生活规律，只等国债时间一到获得

收益就行了。

对于干劲十足，相信未来必须靠自己的艰苦奋斗的人来说，选择投资房地产是一个不错的选择。房地产是一项长期的投资，通过自己的艰辛努力满足投资的需要，会使这类人得到最大的满足。

对在生活中有明确的目标、信心坚定的人来说，最好是选择储蓄。

生活严谨、有板有眼、不期望发大财、满足于现状的人，则可选择投资保险。保险是一家人的保障，对于这类生活安逸的人来说，是再适合不过的了。

审美能力高，对时髦的事物不感兴趣，对那些稀有而珍贵的东西则爱不释手的人，宜投资收藏。收藏投资不仅能满足这类人的投资需求，还能满足他们的审美需求。

必须说明一点，喜欢与擅长是两码事。喜欢什么投资，或者认为什么投资好，除了选准投资对象有无投资价值外，还要注意自己的兴趣和专长。有的人投资房地产如鱼得水，但投资股票却连连亏损。可见，投资者首先必须认识自己、了解自己，然后决定投资什么、如何投资。投资者只有从实际出发，脚踏实地，发挥自己的所长，选择适合自己的投资方式，才能得到较好的回报。

投资一定会有风险，所以在选择投资方向时，投资者一定要努力降低投资风险，从总体上把它控制在自己能够承受的范围内。这句话说起来容易做起来难，许多人的财务状况都很一般，可是对财富的追求却很迫切，人人都想选择高收益、低风险的投资方式和品种，这时最要紧的是投资多元化，目的是实现本金安全和可能收益的最大化。

这里举一个最简单的例子：如果你有10万元闲散资金，那么就可以将其中的70%（即7万元）用于安全性强、收益率较低的投资；另外30%（即3万元）用于风险较大、收益可能会很高的投资。

第五节　选择最佳投资组合

森林里，要举行一场大规模的赛跑。动物界中最擅长赛跑的家伙，如猎豹、赛马、猎狗之类的动物几乎全部上阵。

赛前，狮子作为庄家，开出了赔率和盘口。短跑能力最强的猎豹，毫无疑问是赔率最高，也是最被其他动物所看好的。而狐狸却偏偏压中了赛马，面对其他动物的质疑，狐狸笑而不答，只是轻描淡写地说："看比赛结果吧。"

比赛如期举行，阵势极为壮观。规定的比赛时间是整整一天，路线要穿过森林、草原和荒漠，极为复杂。领跑的自然是猎豹，健步如飞，一骑绝尘。这时候，赌其他选手赢的动物们看到猎豹的优势如此明显，纷纷改为支持猎豹。

然而，最后冲过终点线的却是赛马，猎豹反而因为体力不支而半路放弃。狐狸最终成为大赢家，因为只有它一个动物赌赛马赢。

事后，狐狸道出了其中的缘由："如果是短途赛跑的话，没有谁比得过猎豹。但是这次比赛却是很长的一段路程，猎豹显然耐力不足。而且比赛周边的环境又非常复杂和困难，因此我相信赛马的经验和判断力，会在这个过程中起到决定性的作用，何况它跑得也并不慢！"

在一般情况下，投资是一个长期的过程，我们当然要选择"赛马"型的理财品种。当然，也不能无视那些可以短期确定获益的"猎豹"型理财品种。因此，最佳的投资组合就是长、短期投资收益相结合，选择好的"猎豹"跑短线，放耐力好的赛马跑长线，这样的组合可以帮你最大限度地降低风险，提高收益。

一个理财品种在中短期暂时没有很高的收益，不代表它在长期的投资过程中也没有可靠的收益。如果选择投资收益大、风险也较大的理财品种，万一遭遇损失就会非常大，这样的话还不如选择那种收益小、风险也

小的投资品种。

随着中国人理财知识的日益增长，理财产品的灵活性越来越成为关注的重点。一些短期的理财产品受到市场的追捧，像货币市场基金、七天理财产品等，而一些长期的理财产品，像1年期的人民币理财产品、信托产品等反而被市场所忽视。其实，短期理财产品在获得流动性的同时，失去的却是长期的可观收益！

就拿货币市场基金为例，货币市场基金的收益率目前维持在1.7%～2%。但从长期来看，货币市场基金处于一个下降的通道。由于货币市场基金是按日计算收益率的，因此波动性非常大。与之相比，人民币理财这样较长期的产品，收益基本上不会受市场的影响，因此会更有保证。虽然投资年限长了一点，但相比一年期的定期储蓄，你可以少缴一部分的利息税。虽然它不如货币市场基金的流动性好，但收益率却可以提高一倍。而且，相对于大多数老百姓来说，我们不可能每天都使用大量现金，所以选择长期投资相对来说还是比较划算的。而如果因为过分关注价值微小的流动性理财产品，却失去了货真价实的收益率高的投资，那才是最大的损失。

另外，就像上文我们讲过的一样，在投资组合中注意不要把鸡蛋放到一个篮子里。分散自己的资金、选择适当的组合方式，始终是一条行之有效的投资理财之道。从目前的理财市场来看，虽然长期理财产品开始受宠，但投资者也不应该忽视短期的理财产品。无论选择何种投资理财方式，都要兼顾流动性和收益性。理财的目的，是让我们最大限度地确保本金安全的同时获得高收益；在保持资金安全的基础上增加收益性。收益应服从于流动性与安全性。

对于普通投资者来说，千万不能简单地将自己的资金对半开，而是要根据实际情况，特别是根据资金流动的需求来制订适合自己的最佳理财方案。总之，选择投资组合时，既要考虑"速度"，更要兼顾"耐力"才行。

第二章

为自己找个老师，汲取投资大师的致富秘籍

第一节　本杰明·格雷厄姆：价值投资法的一代宗师

如果说巴菲特是一代股神，那么巴菲特的老师本杰明·格雷厄姆就是一代宗师。他的金融分析学说和思想在投资领域影响了几乎三代重要的投资者，如今活跃在华尔街的数十位知名的投资管理人都自称为本杰明·格雷厄姆的信徒，他享有"华尔街教父"的美誉。

1894年5月9日，本杰明·格雷厄姆出生于伦敦。他在还是婴儿的时候，随着美国的淘金热潮，随父母移居纽约。格雷厄姆的早期教育是在布鲁克林中学完成的。在布鲁克林中学读书时，他不仅对文学、历史有浓厚的兴趣，更对数学有着非同寻常的喜爱。他喜欢数学中所展现的严密逻辑和必然结果，这也促使他在以后的投资实践中发展了价值投资理论，而不是变成一个热衷于"押大小"的股市赌徒。

从布鲁克林中学毕业后，格雷厄姆考入哥伦比亚大学继续深造。1914年夏天，格雷厄姆从哥伦比亚大学毕业，来到纽伯格—亨德森和劳伯公司做了一名信息员，主要负责把债券和股票价格贴在黑板上，周薪12美元。虽然这份工作是纽约证券交易所最低等的职业之一，但这位未来的华尔街教父却由此开始了他在华尔街传奇性的投资生活。

也正是纽伯格—亨德森和劳伯公司给格雷厄姆提供了一个很好的实践与训练场所，才使这位未来的股票大师开始全面熟悉证券业的一整套经营管理知识，了解了包括证券买卖程序、行情分析、进货与出货时机、股市环境与股市人心等在内的实际运作方法。尽管格雷厄姆未受过正式的商学院教育，但这种源自亲身实践的经验，远远比书本上的描述来得更为深刻、有力，这给他日后在股票理论上的探索，打下了极为坚实的基础。

1923年年初，格雷厄姆离开了纽伯格－亨德森和劳伯公司，决定自立门户。他成立了格兰赫私人基金，资金规模为50万美元。格雷厄姆决定以此为基础，大展宏图。他第一个成功的案例就是赫赫有名的美国化工巨头杜邦公司的股票。

1920年，美国化工巨头杜邦公司利用通用汽车公司正陷于暂时无法偿还银行贷款的财务困境，通过一场蓄谋已久的兼并战，最终兼并了通用汽车公司。杜邦公司对通用汽车公司的兼并形成了两公司交叉持股的状况。到了1923年8月前后，由于第一次世界大战结束，美国经济进入复苏，杜邦公司失去了军火暴利来源，股价急剧下滑，每股股价仅维持在297.85美元左右；而通用汽车公司因汽车市场需求的大增而利润直线上升，每股股价高达385美元。

格雷厄姆注意到杜邦公司和通用汽车公司股价之间存在巨大的差距。经过分析，他认为由于杜邦公司持有通用38%以上的股份，而且这一份额还在不断增加，所以市场现阶段两种股票之间的价格差距就是一种错误，而由股市造成的错误迟早都会由股市自身来纠正，市场不可能对明显的错误长久视而不见，一旦这种错误得到纠正之时，就是有眼光的投资者获利之时。

格雷厄姆不仅大笔买进杜邦公司股票，而且更大笔地卖出通用汽车公司的股票。这样，他就会因杜邦公司股票上涨和通用汽车公司股票下跌而双向获利。两个星期后，市场迅速对这两公司股价之间的差距做出了纠正，杜邦公司股价一路攀升，升至每股365.89美元，而通用汽车公司股票随之下跌，跌至每股370美元左右。格雷厄姆迅速获利了结，不算他卖出吃进通用公司股票之间的差价，其单项投资回报率高达23%。这使格兰赫基金的大小股东们都赚了大笔的钱。

格雷厄姆在华尔街摸爬滚打的时期，也正是他关于证券分析理论和投资操作技巧日渐成熟的时期。1934年年底，格雷厄姆终于完成他酝酿已久

的《有价证券分析》这部划时代的著作，并由此奠定了他作为一个证券分析大师和"华尔街教父"的不朽地位。

在格雷厄姆的《有价证券分析》出版之前，道氏学说是股市投资中最早提出的股市技术分析理论。其核心是通过股票价格或股市指数的历史轨迹来分析和预测其未来的走向和趋势。道氏学说将股市的涨落分为主导潮流、次级运动和日常波动三种类型。它认为由于次级运动和日常波动的随机色彩很浓，不易预测和捕捉，而且持续时间往往不太长久，把握股市运动的主导潮流对投资者来说就显得格外重要。

格雷厄姆的《有价证券分析》与道氏学说研究的着眼点是截然不同的，他所涉及的是一个到他为止尚无人涉足的领域。

首先，格雷厄姆统一和明确了"投资"的定义，区分了投资与投机。在此之前，投资是一个多义词。一些人认为购买安全性较高的证券如债券是投资，而购买股价低于净现值的股票的行为是投机。而格雷厄姆认为，动机比外在表现更能确定购买证券是投资还是投机。借款去买证券并希望在短期内获利的决策，不管它买的是债券还是股票，都是投机。在《有价证券分析》一书中，他提出了自己的定义："投资是一种通过认真分析研究，有指望保本并能获得满意收益的行为。不满足这些条件的行为就被称为投机。"

格雷厄姆认为，对于投资来说，其本金必须有某种程度的安全性和满意的报酬率。当然，所谓安全并不是指绝对安全，而是指在合理的条件下投资应不至于亏本。一旦发生极不寻常或者意想不到的突发事件也会使安全性较高的债券顷刻间变成废纸。而满意的回报不仅包括股息或利息收入，还包括价格增值。格雷厄姆特别指出，所谓"满意"是一个主观性的词，只要投资者做得明智，并在投资定义的界限内，投资报酬可以是任何数量，即使很低，也可称为是"满意的"。判断一个人是投资者还是投机者，关键在于他的动机。

《有价证券分析》所阐述的计量分析方法和价值评估法使投资者少了许多的盲目，增加了更多的理性成分。这本著作一出版就震动了美国和华尔街的投资者，一时之间，该书成了金融界人士和投资界人士的必读书目。

第二节　巴菲特：股神的"三要三不要"

沃伦·巴菲特是一个家喻户晓的名字，人们往往都会用一种无比崇拜的口吻提起他，美国人更称他为"除了父亲之外最值得尊敬的男人"。沃伦·巴菲特是近百年内投资界的一个传奇，他是"股神"。

1930年8月30日，沃伦·巴菲特出生于美国内布拉斯加州的奥马哈市。人们都说"三岁看小，七岁看老"，这位未来的投资大师从小就展露出了非凡的投资才华，他的儿时玩伴形容他"满肚子都是挣钱的道儿"。5岁时，巴菲特就在家中摆地摊兜售口香糖；稍大点后，他带领小伙伴到球场捡大款用过的高尔夫球，然后转手倒卖，生意颇为红火；上中学时，除利用课余时间做报童外，他还与伙伴合伙将弹子球游戏机出租给理发店老板们挣外快。

1950年，被哈佛大学拒之门外的巴菲特考入了哥伦比亚大学商学院，拜于著名投资学理论学家本杰明·格雷厄姆门下。格雷厄姆反对投机，主张通过分析企业的盈利情况、资产情况及未来前景等因素来评价股票。他传授给巴菲特丰富的知识和诀窍。富有天分的巴菲特很快成了格雷厄姆的得意门生。

1964年，巴菲特的个人财富达到400万美元，而此时他掌管的资金已高达2200万美元。

1966年春，美国股市牛气冲天，但巴菲特却坐立不安。尽管他的股票都在飞涨，但他却发现很难再找到符合他的标准的廉价股票了。虽然股市

上风行的投机给投机家带来了横财，但巴菲特却不为所动，因为他认为股票的价格应建立在企业业绩增长而不是投机的基础之上。

1968年，巴菲特公司的股票取得了历史上最好的成绩：增长了59%，而道·琼斯指数才增长了9%。巴菲特掌管的资金上升至1亿零400万美元，其中属于巴菲特的有2500万美元。

1968年5月，当股市一片凯歌的时候，巴菲特却通知合伙人，他要隐退了。随后，他逐渐清算了巴菲特合伙人公司的几乎所有股票。

1970～1974年，美国股市就像个泄了气的皮球，没有一丝生气，持续的通货膨胀和低增长使美国经济进入了"滞胀"时期。然而，一度失落的巴菲特却暗自欣喜异常，因为他看到了财源即将滚滚而来——他发现了太多的便宜股票。

几十年的投资生涯中，巴菲特成功的案例非常多。1973年，巴菲特瞄准了《华盛顿邮报》，1983年，巴菲特投入的1000万美金变成了两个亿；1980年，巴菲特收购了可口可乐7%的股份，这些股票的价格自那时起已经翻了5倍，其中巴菲特赚到的钱让人瞠目结舌。

1965～2006年的42年间，伯克希尔公司净资产的年均增长率达21.4%，累计增长361156%；同期标准·普尔500指数成分公司的年均增长率为10.4%，累计增长为6479%。

指导巴菲特投资的就是价值投资理论，这种理论其实并不复杂。巴菲特曾将其归结为三点：把股票看作许多微型的商业单元；把市场波动看作你的朋友而非敌人（利润有时候来自对朋友的愚忠）；购买股票的价格应低于你所能承受的价位。"从短期来看，市场是一架投票计算器。但从长期看，它是一架称重器"——事实上，掌握这些理念并不困难，但很少有人能像巴菲特一样数十年如一日地坚持下去。巴菲特似乎从不试图通过股票赚钱，他购买股票的基础是：假设次日关闭股市，或在五年之内不再重新开放。在价值投资理论看来，一旦看到市场波动而认为有利可图，投资

就变成了投机，没有什么比赌博心态更影响投资。

以下是堪称巴菲特投资理念精华的"三要三不要"理财法：

要投资那些始终把股东利益放在首位的企业。巴菲特总是青睐那些经营稳健、讲究诚信、分红回报高的企业，以最大限度地避免股价波动，确保投资的保值和增值。而对于总想利用配股、增发等途径榨取投资者血汗的企业一概拒之门外。

要投资资源垄断型行业。从巴菲特的投资构成来看，道路、桥梁、煤炭、电力等资源垄断型企业占了相当份额，这类企业一般是外资入市并购的首选，同时独特的行业优势也能确保效益的平稳。

要投资易了解、前景看好的企业。巴菲特认为凡是投资的股票必须是自己了如指掌，并且具有较好行业前景的企业。不熟悉、前途莫测的企业即使被说得天花乱坠，他也毫不动心。

不要贪婪。1969年整个华尔街进入了投机的疯狂阶段，面对连创新高的股市，巴菲特却在手中股票涨到20%的时候就非常冷静地悉数抛出。

不要跟风。2000年，全世界股市出现了所谓的网络概念股，巴菲特却称自己不懂高科技，没法投资。一年后全球出现了高科技网络股股灾。

不要投机。巴菲特常说的一句口头禅是："拥有一只股票，期待它下个早晨就上涨是十分愚蠢的。"

巴菲特曾将他的致富归结为："是习惯的力量。"没有了良好的投资习惯，一切财富将离我们远去。

第三节　邓普顿：投资之父的16条投资法则

邓普顿爵士是邓普顿集团的创始人，一直被誉为全球最具智慧以及最受尊崇的投资者之一。福布斯资本家杂志称他为"全球投资之父"及"历

史上最成功的基金经理之一"。

1912年，约翰·邓普顿出生于田纳西州，家境贫寒，但他凭借优异的成绩，依靠奖学金完成了在耶鲁大学的学业，并在1934年毕业时取得耶鲁大学经济学一等学位。之后，他在牛津大学继续深造，获得罗德斯奖学金，并在1936年取得法学硕士学位。

邓普顿在1937年，也就是经济大萧条的时候成立了自己的公司Templeton, Dobbrow & Vance。公司取得了相当大的成功，资产规模也迅速增长到了3亿美元，旗下拥有8只共同基金。1968年，公司更名为Templeton Damroth并被转售。同年，邓普顿在巴哈马再次建立了自己的邓普顿成长基金。在之后的25年中，邓普顿创立了全球最大、最成功的邓普顿共同基金集团，1992年，他将邓普顿基金卖给了富兰克林集团。

邓普顿在20世纪50年代首开全球化投资的风气，他认为世界各国有不同的经济盛衰循环，不应将获利机会限制在单一国家内，若加上以个别公司由下而上的选股方式，发掘世界各地的投资潜力，不但可使风险分散，还可为资本创造利润。

20世纪60年代到70年代，邓普顿是第一批到日本投资的美国财务经理之一。他以低于3倍收入的低价买进日本股票，而在价格收益比在30%时卖掉。邓普顿抢在其他投资者之前抓住了机会，在他买进后，日本股市一路蹿升。后来，他发觉日本的股市被高估了，而他又发现了新的投资机会——美国。实际上，邓普顿在1988年就对股东们说，日本的股市将会缩水50%，甚至更多。几年后，日本的股票指数——东京证券交易所指数下跌了60%。

对此，邓普顿的经验是，当别人慌忙抛售股票时要买进，而在别人急于买进时应抛出。作为20世纪最著名的逆向投资者，他的投资方法经常被总结为："在大萧条的低点买入，在互联网的高点抛出，并在这两者间游刃有余。"这一切用邓普顿的原话来形容就是"行情总在绝望中诞生，在半信半疑中成长，在憧憬中成熟，在希望中毁灭。"

对于投资，邓普顿爵士总结出16条投资法则，他的投资哲学已经成为邓普顿基金集团的投资团队以及许多投资人永恒的财富。

信仰有助投资：一个有信仰的人，思维会更加清晰和敏锐，犯错的机会因而降低。要冷静和意志坚定，能够做到不受市场环境影响。

谦虚好学是成功法宝：那些好像对什么问题都知道的人，其实对真正要回答的问题都不知道。投资中，狂妄和傲慢所带来的是灾难，也是失望，聪明的投资者应该知道，成功是不断探索的过程。

要从错误中学习：避免投资错误的唯一方法是不投资，但这却是你所能犯的最大错误。不要因为犯了投资错误而耿耿于怀，更不要为了弥补上次损失而孤注一掷，而应该找出原因，避免重蹈覆辙。

投资不是赌博：如果你在股市不断进出，只求几个价位的利润，或是不断抛空，进行期权或期货交易，股市对你来说已成了赌场，而你就像赌徒，最终会血本无归。

不要听"贴士"：小道消息听起来好像能赚快钱，但要知道"世上没有免费的午餐"。

投资要做功课：买股票之前，至少要知道这家公司的出类拔萃之处，如果自己没有能力办到，便请专家帮忙。

跑赢专业机构性投资者：要胜过市场，不单要胜过一般投资者，还要胜过专业的基金经理，要比大户更聪明，这才是最大的挑战。

价值投资法：要购买物有所值的东西，而不是市场趋向或经济前景。

买优质股份：优质公司是比同类好一点的公司，例如在市场中销售额领先的公司，在技术创新的行业中，科技领先的公司以及拥有优良营运记录、有效控制成本、率先进入新市场、生产高利润消费性产品而信誉卓越的公司。邓普顿的投资法宝是："在全球范围寻找低价的、长期前景良好的公司作为投资目标。"

趁低吸纳："低买高卖"是说易行难的法则，因为当每个人都买入

时，你也跟着买，造成"货不抵价"的投资。相反，当股价低、投资者退却的时候，你也跟着出货，那么最终将变成"高买低卖"。

不要惊慌：即使周围的人都在抛售，你也不用跟随，因为卖出的最好时机是在股市崩溃之前，而并非之后。反之，你应该检视自己的投资组合，卖出现有股票的唯一理由，是有更具吸引力的股票，如没有，便应该继续持有手上的股票。

注意实际回报：计算投资回报时，别忘了将税款和通货膨胀算进去，这对长期投资者尤为重要。

别将所有的鸡蛋放在同一个篮子里：要将投资分散在不同的公司、行业及国家中，还要分散在股票及债券中，因为无论你多聪明，也不能预计或控制未来。

对不同的投资类别持开放态度：要接受不同类型和不同地区的投资项目，现金在组合里的比重亦不是一成不变的，没有一种投资组合永远是最好的。

监控自己的投资：没有什么投资是永远的，要对预期的改变做出适当的反应，不能买了只股票便永远放在那里，美其名为"长线投资"。

对投资抱正面态度：虽然股市会回落，甚至会出现股灾，但不要对股市失去信心，因为从长远来看，股市始终是会回升的。只有乐观的投资者才能在股市中胜出。

第四节　安德烈·科斯托兰尼：投资的"十律"与"十戒"

安德烈·科斯托兰尼是德国最负盛名的投资大师，1906年出生在匈牙利布达佩斯，犹太人。早年学习哲学和艺术史，而后父亲送他到巴黎学投

资，大部分时间在德国和法国度过，娴熟金融商品和证券市场的一切，被誉为"20世纪的股票见证人""本世纪金融史上最成功的投资人之一"。有德国证券界教父之称，他在德国投资界的地位，有如美国的沃伦·巴菲特。他的成功，被视为欧洲股市的一大奇迹，他的理论，被视为权威的象征。安德烈·科斯托兰尼是德国股市的无冕之王，德国的投资人、专家及媒体记者，经常以他对股市的意见为依据，决定自己的行动方向，或发表分析文章。

他的投机生涯从他十几岁接触股票后开始，那时，安德烈·科斯托兰尼就像染上毒瘾一样，深深地为投机的刺激和风险所着迷，有将近80年的时间，他都是在与各样的股票、债券、货币、期货等商品打交道，而且乐此不疲，他也一直以投机者自居，且引以为傲。1929年的经济大萧条中，科斯托兰尼获利不浅。第二次世界大战之后，他大量投资德国重建，不久后的经济复苏令他拥有大量财富。虽然他在35岁就赚得了足以养老的金钱，不过这不代表他的投资都是一帆风顺的，相反，他还曾经破产过两次，他本身在自传中也承认自己在一百次投机当中只要有51次成功就算侥幸了，但也因为有了许多经验使得他拥有敏锐的观察力和过人的判断力并不断累积财富，更使他曾在第二次世界大战中失去所有家当的双亲，在瑞士安享晚年。

科斯托兰尼不吝啬和他人分享他的智慧结晶，尽管他早年就赚得大笔财富，但在50岁时还是耐不住无聊开始著书创作，将他所知道的一切分享给读者。他所著的《这就是证券市场》一书被翻译成七国语言，此书的内容还被拍成了电影，他从此跻身畅销作家之列，在他一生当中共写了13本有关投资、证券、货币、财富、证券心理学的书，书中写了他在股市上的巨大成功也写了他的巨大失败，但都是实实在在地告诉读者自己所走过的旅程。另外，他也在德国经济杂志《资本》拥有自己的专栏，供稿长达25年，只缺稿2次。科斯托兰尼同时也是德国、奥地利多所大学的客座教

授，并在欧洲各地咖啡馆开设讲座，跟学生、有钱人、乞丐、小偷等各式各样的人大谈投资学，告诉他们独立思考的重要性。

在科斯托兰尼所有的投资思想中，最负盛名的就是他的"投资十律"和"投资十诫"，对于所有投资行业的从业者来说都是金科玉律。

1. 投资十律

有主见，三思后再决定是否应该买进，如果应该买进，要思考在哪里？什么行业？哪个国家？

要有足够的资金，以免遭受压力。

要有耐心，因为任何事情都不可预期，发展方向都和大家想象的不同。

如果相信自己的判断，便必须坚定不移。

要灵活，并时刻思考到想法中可能出现的错误。

如果看到出现新的局面，就应该卖出。

不时察看购买的股票清单，并检查现在还可买进哪些股票。

只有看到远大的发展前景时，才可买进。

考虑所有风险，甚至是不可能出现的风险，也就是说，要时刻想到意想不到的因素。

即使自己是对的，也要保持谦逊。

2. 投资十诫

不要跟着建议跑，不要想能听到秘密信息。

不要相信卖主知道他们为什么要卖，或买主知道自己为什么要买，也就是说，不要相信他们比自己知道得多。

不要想把赔掉的再赚回来。

不要考虑过去的指数。

不要躺在有价证券上睡大觉，不要因为期望达到更佳的指数而忘掉它们，也就是说，不要不做决定。

不要不断观察变化细微的指数，不要对任何风吹草动做出反应。

不要在刚刚赚钱或赔钱时做最后结论。

不要只想获利就卖掉股票。

不要在情绪上受政治好恶的影响。

获利时，不要过分自负。

1999年，见证百年金融发展的科斯托兰尼因病辞世，留下财富给继承者，但留下众多著作给所有的读者。科斯托兰尼的《证券心理学》一书，是德国大学经济系学生必读书籍。从1987年至今，他共出版13本著作，在全球卖出300万册，包括中国、韩国、希腊、丹麦，都有翻译版本。

第五节　泰勒·巴纳姆：马戏团大亨的理财方法

19世纪70年代，人们或许没听说过当时的美国总统是谁，但他们多半知道大名鼎鼎的菲尼亚斯·泰勒·巴纳姆。据说，当时的总统格兰特在世界各地旅行归来之后对巴纳姆说："许多从来没有听说过我的人却很熟悉你的名字，无论我走到哪里，甚至是在遥远的国度，当人们知道我是美国人后，便经常问我认不认识巴纳姆。"

这个巴纳姆是何人呢？他是美国历史上最伟大的马戏团经纪人兼演出者。

1842年巴纳姆在纽约开办"美国博物馆"，以奢侈的广告和怪异的展品而闻名，最有名的是假斐济美人鱼和华盛顿的保姆。

乔伊斯·赫思是个黑人老太婆，巴纳姆声称她已有161岁，还说她原本是乔治·华盛顿的保姆和奴隶。此时的赫思眼睛已经瞎了，全身干瘪，但她却和巴纳姆一样极富表演天分。她在叙述乔治·华盛顿儿时的轶事时，还像抱着婴儿那样轻轻地摇着自己早已没有任何魅力可言的身子。巴纳姆通过编造这一离奇故事，使他的博物馆一时间车水马龙。

但过了一段时期，观众开始减少了，于是巴纳姆采取了另一番行动。他令人意想不到地在一家报纸上发表了一篇不署名的社论，声称赫思实际上并不是一个人，而是一个精工制成的机械装置。成千上万未曾见过她的人又一下子涌到了巴纳姆的博物馆，而另一些看过她的人则想要再仔细地看一次。

巴纳姆清楚地知道这种名声对自己事业的价值。他曾在自传中写道："有人大声嚷嚷我是'骗子'，这绝不会损害我！我的看法是，一个人宁可遭受人们的痛骂，也不应该根本不为人们所注意！"

1871年巴纳姆建立了世界大马戏团，他把他的马戏团称作"世界上最棒的表演"，表演项目包括街头杂耍以及高级文化，例如，来自欧洲有"瑞典夜莺"之称的女高音歌手珍妮·林德的演唱，引起了很大的轰动。

1881年巴纳姆与其对手詹姆士·贝利合并成立了巴纳姆贝利马戏团，又称"玲玲马戏团"，巴纳姆一直带着他的马戏团在全美国巡演，他的马戏团充满了各种令人不可思议的神奇展品，如汤姆·拇指将军（60厘米高的侏儒）、"暹罗双胞胎"。一路上的巡回演出中，他的小火车总是比他的马戏团早到两个星期，车上悬挂着他的照片，据说他死前的最后遗言是："今天麦迪逊广场花园的收入怎样？"巴纳姆死后葬于树林山公墓，他的马戏团于1907年以40万美金转让给玲玲兄弟。

泰勒·巴纳姆出身卑微，从杂货店店员起家，他的财富理念和积累财富的方法与众不同。他给我们指出了一条创造和积累财富最简单可靠的方法，认真听听这位白手起家前辈的教导，相信对任何人都有裨益。

1. 最多舒适，拒绝奢侈

致富的方法中包含一个最简单的方法，那就是量入为出，这个道理我们知道。为新沙发配新椅子，为新椅子配新桌子，为新桌子配新家具，为新家具配新房子，有些人就这样一步一步走到了破产。花钱就像吃蛋糕，蛋糕吃完了就没有了。但是知道节约是一回事，能不能身体力行又是一回

事，很多人就是在明知这个道理的情况下破产的。

2. 节俭总是意味着收大于支

旧衣服可以再穿一穿，新手套可以暂时不买，食物可以不必太讲究，房子可以住小一些的，能自己做的事情就不要雇别人来做。在这样的情况下，除非出现意外，否则一个人在一生中，肯定可以积攒一笔不小的财富。这一分钱，那一块钱，如果存起来，加上利息，就会不断增加。如果你再懂得合理地投资和理财，比如在适当的时候投资房地产，将存银行的钱换成国债以获取更高的利息，那么，你的财富的增长速度将会更快。

3. 小心为消费负债

刚刚开始独立生活的年轻人尤其要小心避免债务。负债会轻易剥夺一个人的自尊，甚至使人们鄙视自己。当债主上门要债时，你却无钱还债，死皮赖脸，久而久之，你就会变成一个无赖，不知尊严为何物。曾经有一个乡下的富翁教育他的儿子说："千万别去赊账，非赊不可的话，就去赊点粪肥，它们可以帮你还账。"这话的意思是说，如果你万一要赊账、要举债的话，也应该是为了投资，为了赚更多的钱，积累更多的财富。你会发现，原来能够量入为出是多么幸福，简朴的生活同样可以充满甜蜜的滋味。

4. 付出总会有回报

无论你有多么辛苦，也不管你有多么疲劳，都不要把应该现在做的事情推到以后去做，哪怕只是推迟一小时。有多少人依靠勤勉取得了人生的成功，而他们的邻居却为了每天多贪睡几个小时穷困一生。斗志和勤奋，是成功人生必不可少的两个因素。

第三章

财富之路始于脚下，尽早培养理财观念

第一节　认识投资学

在自给自足的农耕时代，为了生存，人们必须学会种植农作物；在大规模生产的工业化时代，学会一门技术对于生存至关重要；在市场经济迅速发展的今天，投资和理财则显得尤为重要。"你不理财，财不理你"成为一句流行语，就已经表明了大多数人的需求。虽然有了需求，但不能盲目地投资，而应该得到理性的指导。

从经济学的角度看，投资就是以放弃当前消费为代价，增加未来的消费能力。下面这个故事中的野猪就懂得这个道理。

野猪和猴子在一片收割过的田地里发现了一袋农夫们丢下的玉米，于是它们兴高采烈地平分了这袋玉米。

第二年秋天的时候，野猪和猴子坐在田间聊天。猴子对野猪说："还记得去年这个时候，咱们捡到的那一大袋玉米吗？今年如果再捡到玉米，就可以像去年一样舒舒服服过冬了！"

野猪听完猴子的话，疑惑地问："猴子老弟，难不成你把去年分得的玉米全都吃光了？"

猴子点点头说道："没错呀！不吃光，难道还留着吗？"

野猪听罢，摇了摇头说："看来今年你还得出去寻找过冬的粮食！我把去年分得的粮食留下一部分，找了块肥沃的土地种下去，今年的收成还不错。如果以后我每年的收成都很不错，那么我就不需要天天为找食物而奔波，年老时也不必为找不到食物而犯愁了！"

投资是货币转化为资本的过程，是把你暂时用不到的钱投入经济活动中，让这笔资金在经济活动的运转中得到利润。投资可分为实物投资、资

本投资或证券投资。资本投资是以货币投入企业，通过生产经营活动取得一定利润；证券投资是以货币购买企业发行的股票或公司债券，间接参与企业的利润分配。

投资学研究的是如何把个人、机构的有限资源分配到诸如股票、国债、不动产等资产上，以获得合理的现金流量和收益率。其核心就是以效用最大化准则为指导，获得个人的最优均衡财富配置。对个人来说，学习投资学可以提高我们投资理财的能力，通过学习投资学的知识，以专业的投资学知识做后盾，就可以通过各种投资方式来获得最大的利润回报。

在"攒钱、生钱、护钱"这三大理财环节中，"生钱"是最重要的。俗话说"巧妇难为无米之炊"。理财的最终目的是实现个人财务自由（即工作之外的投资收益就足够让你过上舒适的日子，工作不再是养家糊口的唯一手段了，你在财务上才是自由的），让生活更美好；可是也不要忘了，如果你身无分文，那么又拿什么去理财呢？这时虽然也需要理财（规划未来），但更重要的是投资（以钱生钱）。

股神巴菲特的故事家喻户晓，无论在投资领域还是生活领域，人们都对这位老人津津乐道，其中一个最主要的原因就是他通过企业投资创造了无与伦比的业绩回报。而很少有人知道他的这种成功是"注定"的，因为他从小就具有商业头脑，并且有着远大的目标，他事事都用投资眼光来看，追求业绩回报的最大化。

巴菲特6岁时就从爷爷开的小卖部里用每箱（6瓶）25美分的价格买进整箱可口可乐，然后拆箱零售给小朋友，每瓶卖6美分，从此开始了他一生追求的20%年复利率的投资生涯。1956年，26岁的巴菲特牵头成立了合伙企业巴菲特有限公司，当时公司只有7个人，令人难以想象的是，此时的巴菲特就立志要做全球首富。

当年，他在给朋友杰里·奥兰斯的信中说："我很害怕到最后自己的

企业过于庞大，金钱会将我的孩子们腐蚀了。目前这还不成问题，但是乐观地看，它是会发生的，我想了半天也没想出办法。我不想留给孩子们大笔金钱，除非等我老点儿，看看这些孩子是否已经成才后再这样做。然而，留给他们多少钱，剩下的钱怎么办等诸如此类的问题让我大伤脑筋。"

那时的巴菲特还只是一名普通的股票经纪人，个人积蓄一般，收入也很不稳定，这种念头就像褴褓中的婴儿将来想当总统一样可笑。但正是这样的人生目标，促使他在以后的投资道路上理性投资、价值投资、长期投资，并以此鼓舞且引导其他合伙人，这才是其他投资者所缺乏的。果然在三十多年后的1993年，巴菲特登上了全球首富的宝座。

2006年，76岁的巴菲特把个人资产的85%（375亿美元）回报给社会，因为在他看来，这数百亿美元的财富仅仅是一种符号。有人对此大为不解：巴菲特究竟图什么呢？其实道理很简单，那就是丰富多彩的人生以及成功的喜悦和快乐，还有自身实力的展示。

在西方社会，投资活动在人们的日常经济活动中占据着极其重要的地位。像在美国华尔街活动的各种人士，大部分都是投资家。社会上的各界名流大多都参与投资活动，有的还自己开办投资公司。我国著名篮球运动员姚明在美国休斯敦打球时，还在当地开办了中国餐馆。

中华人民共和国成立之后，投资学才作为一门独立的学科，成为中国人研究的领域。改革开放之后，由于国家的投资、企业的投资、个人的投资等各种投资活动在蓬勃地发展，投资学在我国也越来越受到人们的重视。而近十年来，投资学不仅仅在投资领域发挥了作用，在社会的很多其他领域中也发挥着积极的作用。因此，投资学不管是在研究个人财富的增加，还是在研究国家发展方面都具有理论指导意义。所以，我们有必要系统地学习一下投资学。

第二节　财富之路始于脚下

有一个村子里有两个聪明勤奋的年轻人，一个叫比尔，一个叫乔治。他们经常在一起讨论各种问题，争论两人之中谁会成为村子里最富有的人。

村里决定雇佣这两个聪明的年轻人做一份工作：把附近河里的水运送到村子中心的蓄水池里。

最开始，两个人的想法是不谋而合的——用水桶挑水将河里的水运往蓄水池。这个方法虽然辛苦又费事，却是他们目前能够想到的唯一办法。于是，两个人从清晨忙到晚上，终于把蓄水池蓄满了水，村主任按照每桶水一美元的价格付给他们报酬。

"哈哈，一天就赚了50美元！"比尔兴奋地坐在地上数钱。乔治却并不高兴，因为这一天下来，他已经累得腰酸背痛。而且，他知道今后每隔几天就要重复着这种乏味的劳作，一想到这儿，乔治就觉得有点恐怖，他心里暗暗发誓："一定要想出一个更好的办法，来替代我们做这辛苦的运水工作。"

"比尔，我有一个好主意，"有一天乔治说出了自己酝酿已久的想法，"咱们与其这么辛苦地拎水，不如修一条管道，把水从河里引到蓄水池里！"

"什么？一条管道？你听说过这样的事吗？"比尔对乔治的想法表示怀疑，"乔治，我们拥有一份不错的工作，每天可以提50桶水，一周之后我就能买到一双好鞋子，一个月以后我就可以买上一头牛，半年之后我就可以盖上新房。老天！我发誓这是世界上最好的工作了。而且，每周我们还可以休息两天，每年又有两周的带薪假期，你该知足了，不要再想什么管道的馊主意了！"

乔治解释半天都没有打动比尔，但是他自己并没有放弃这个念头，于是他决定一个人利用部分休息的时间来挖掘管道。乔治清楚，也许他要等上

一两年，管道才能完成并产生可观的效益，但他心中始终存有一个不变的信念："短期的辛苦付出终将会获得长期的回报，我的眼睛要牢牢盯在长期的回报上。"因此面对比尔和村民们的嘲笑，乔治丝毫不以为意，只是全力以赴地去挖管道，尽管在那段最困难的日子里，他每天都要累得半死。

两年后，乔治的管道终于完工了，村民们惊讶地看到河水通过管道只需几个小时就可以注满蓄水池，人们终于肯定了乔治的努力。这样一来，乔治就不必再像以前那样出苦力干活，而是每天坐在家里就可以源源不断地获取财富了。

与之相比，比尔由于长期繁重的拎水工作，腰弯背驼得厉害，仿佛衰老了十几岁。管道的建成也意味着他这个"送水工"正式下岗了。这时候，乔治主动过去安慰老朋友："好兄弟，我给你提供一个好的投资机会：再挖一条引入湖水的管道，到时候你也能像我一样从中受益了！"

其实，我们每个人都会面对两种选择：是做一辈子的"提桶拎水者"，还是做一个"管道建造者"。你是不是习惯了像故事中的比尔一样，天天去公司上班，完成工作后才能拿到收入？那么，你有没有想过像乔治一样，未雨绸缪，在从事"拎水"工作的同时，开凿属于自己的一条财富管道？

一般来说，创造财富的途径主要有两种：第一种是打工，目前靠打工获取收入的人占90%左右；第二种是投资，目前这类群体占总人数的10%左右。财富积累必须靠资本的积累，靠资本运作。对普通人来讲，依靠工资一般不会达到非常富裕的地步，只有通过有效的投资，让自己的钱流动起来，才能较快地积累起可观的财富。

一些专业人士对创造财富的两种主要途径进行了分析，发现了一个普遍的结果：如果靠投资致富，财富目标则比打工的要高得多。例如，具有"投资第一人"之称的亿万富豪沃伦·巴菲特就是通过投资而致富的，其财富曾达到了440亿美元。还有沙特阿拉伯的阿尔萨德王储也是通过投资致富

的。早在2005年，他的财富就已达到237亿美元，名列世界富豪榜前5名。

通常来说，在个人创造财富方面，靠打工能够获得的财富十分有限，因为打工所要求的条件和"技术含量"较低，而投资创业需要有一定的条件，因此绝大多数人还是选择通过打工来获取有限的回报。事实上，投资是我们每一个人都可为、都要为的事。从世界财富积累与创造的现象分析来看，真正决定我们财富水平的关键，不是你选择打工还是创业，而是你是否选择了投资致富，并进行了有效的投资。

巴菲特说过：一生能积累多少财富，不取决于你能够赚多少钱，而取决于你如何投资理财。亚洲首富李嘉诚也主张：20岁以前，所有的钱都是靠双手勤劳工作换来的；20～30岁是努力赚钱和存钱的时候；30岁以后，投资理财的重要性逐渐提高。李嘉诚有一句名言："30岁以前人要靠体力、智力赚钱，30岁之后要靠钱赚钱（即投资）。"钱找钱胜过人找钱，要懂得让钱为你工作，而不是你为钱工作。

中国的俗语也说：人两脚，钱四脚。意思是说钱有四只脚，钱追钱，比人追钱快多了。为了证明"钱追钱快过人追钱"，一些人研究了和信企业集团（中国台湾排名前5位的大集团）前董事长辜振甫和台湾信托董事长辜濂松的财富情况。辜振甫属于慢郎中型，而辜濂松属于急惊风型。辜振甫的长子——台湾人寿总经理——辜启允非常了解他们，他说："钱放进我父亲的口袋就出不来了，但是放在辜濂松的口袋就会不见了。"因为，辜振甫赚的钱都存到银行，而辜濂松赚到的钱都拿出来作更有效的投资。结果是：虽然两人年龄相差17岁，但是侄子辜濂松的资产却遥遥领先于其叔叔辜振甫。可见，人的一生能拥有多少财富，不是取决于你赚了多少钱，而取决于你是否投资，如何投资。

"管道"一旦建成，你就可以高枕无忧地享受生活了，不用再那么辛苦地工作。等你退休、生病或者在任何紧急情况下，都可以从容地从"管道"中提钱，应付任何支出。

这就是投资的力量，这就是你未来可靠的财富保障，因此你一定要从现在开始就把属于你自己的管道建设好！

投资就如同为自己挖掘财富管道。当我们年轻时，为生计而工作，就如同在给自己的财富蓄水池拎水，而在工作的同时，如果能够学会以科学的方式投资理财，那就是在为自己建造另一条财富输入管道。这个管道是你的生活和财富的守护神，有了这个管道，你就不必在身体不适的时候为了挣加班费而勉为其难，你甚至可以在度假的时候，还有金钱流入腰包——这就是真正意义上的财务自由。

第三节　合理配置资产

不管是过去还是现在，有远见并且懂得用心理财、合理配置资产的人，总会获得不错的回报。在大多数人心中，衡量一个人是否成功的基本标准就是他能否过上衣食富足的生活。在同样条件下，为什么有些人越来越富有，而有些人却衣食难保呢？这就关乎有没有理财观念了。

在很久很久以前，有一个妇人，她每天煮饭的时候，会从做饭的米中抓出一部分米留存起来，她的这一行为使周围的很多人不理解，甚至有人讥笑她这种行为，但她不以为意，依然故我。

过了不久，妇人所在的村子发生了灾害，地里粮食严重歉收，很多人家都揭不开锅了，但由于这位妇人每天都会留存一部分米，全家凭借那些米得以熬过了饥荒。

在上述故事中，妇人通过勤俭节约和合理的"资产配置"使其全家渡过了饥荒。但是在现实中，有些人赚钱的能力并不低，但是努力工作得到不菲的收入之后，却很快将钱全花光，美其名曰"能挣会花"。因此，这群人虽然收入不低，却没有多少节余，都市中诸多的"月光族"就是这样的人，

以至于当个人财务状况发生变动时，他们无法做出有效的应对。这些人由于不懂得如何科学理财，往往让自己陷入高财务风险的窘境，因而也无法致富。这些都是理财意识淡薄、理财能力较差的表现。

理财技巧高的人，即高财商者，他们会有计划、有步骤地理财，在增加收入、减少不必要支出的同时提高家庭的生活水准。相对于那些开支无度或者过于吝啬的人，高财商者贵在能够开源节流，在支出时使花费发挥最大效用，令现有财富迅速增加或重新创收。

通过科学理财，高财商者可以有较雄厚的经济实力来提高生活水准和生活质量。由租房到买房，由搭公交车上班到开自己的私家车上班，由周末闲逛到出国旅游，高财商者会稳步提高自己的经济能力，并且对未来做好充足准备，储备退休后的养老所需，实现完美幸福的人生梦想。而这些也正是我们每个人通过一定的方式、方法都能达到的。

相反，那些自恃有钱而挥霍无度的低财商者，常常因为收支不平衡而使自己身陷债务，结局大都较为悲惨。

不该花的钱坚决不花，这其实是最简单的理财之道。那么，我们不妨从现在起，为自己的将来做预算。

预算是一张蓝图，它能帮助你有计划地使用财富，使你用有限的收入最大限度地享受生活。约翰·洛克菲勒每天晚上入睡前，总要算算账，把自己一天中每一美元的用途弄得一清二楚，然后才上床睡觉。

在记账最初的一个月里，我们要把所花的每一分钱都做出准确的记录。如果可能的话，连续做三个月的记录。然后我们可依此弄清楚钱到底花在了哪里，哪些支出是不必要的、应该减少的，哪些支出根本就是错误的浪费行为。长此以往，你就会不自觉地养成理性消费的好习惯，而这正是科学理财的关键。

一个人的财富，不在于他现在的钱包有多鼓，而取决于他所累积的收入能否成为持续不断的财源，并且在未来永久地保持"口袋"鼓胀饱满。

也许大家都渴望这样一种生活：即便是你停止工作，出去旅行或度假，你的"口袋"里仍会有源源不断的钞票进账！学会科学理财、合理配置资产就能帮你实现这一点。

"钱到用时方恨少"，平常若不理财，临时抱佛脚是来不及的。理财这件事儿就应该未雨绸缪、居安思危，越早实施越好。这样，当危机突然降临时，你才不至于手忙脚乱或者毫无办法。

第四节　有钱不是投资的前提

在日常生活中，许多中低收入者持有"有钱才有资格谈投资理财""投资是有钱人的专利，与自己的生活无关"的观念。大多数的中国人都有这样一种错误观点：每月固定的工资收入应付日常生活开销就差不多了，哪来的余财可投呢？

殊不知，这样的错误想法正是使人们贫穷的原因之一。除去少数有钱人是一夜暴富之外，大多数富翁都是通过辛勤工作以及长期投资理财才使自己富裕起来的。就像下面这个故事讲的一样。

两个同村的年轻人离开家乡，来到一个陌生的地方开荒。其中一个年轻人叫小安，他开垦了一亩地，心想这一亩地的粮食已经足够他吃饱。于是，农忙后剩下的时间，小安就索性舒舒服服地晒太阳。

另一个年轻人叫大志，他除了耕种自己的一亩地，还继续不停地开垦周边的荒地，拓荒了一亩又一亩。自然，他是没有时间晒太阳的，因为开垦土地后，他还要不停地翻耕、除草、浇水……

待在树荫下悠闲喝茶的小安，看着一年到头忙个不停的大志说："大志兄弟，你歇会儿吧，人生苦短，享乐为先！睡不过一张床，吃不过一张嘴，你忙来忙去又是为何呢？"

大志笑笑说："人生虽然短暂，但毕竟也没有短暂到只有一年、一月、一周甚至一天时间。人生更重要的是将来，你要为自己未来的生活和妻儿的幸福做打算！"

一年的时间很快过去了，小安仍吃着自己那一亩地产出的粮食。大志呢，除了自给自足外，还将很多开垦荒地后产出的粮食卖给别人，同时把他耕种的几十亩地租出去。这样一来，他就拥有了一笔钱。小有积蓄的大志去跟小安道别，说他现在有了资本可以去他乡更远的地方闯荡。

一别十年。十年后，大志坐着自己豪华的车子，带着妻儿衣锦还乡。见到小安后，大志对他说："这十年，我走过了很多地方，做了不少事情，当然也赚了很多钱。我这次回来，打算建立自己的庄园，定居下来。"

小安十分惭愧地说："我现在有了三亩地，也有了三个孩子，不过常常食不果腹，还需要你的帮助呀！"

大志望着神情窘迫的小安，感慨地说："还记得当初吗？如果当初你也能像我一样少一些安逸，多为将来打算，那么现在咱们俩可能都会过上衣食无忧的日子了！"

其实不论贫富，投资理财都是伴随人生的大事，在这场"人生经营"过程中，越穷的人越要积极行动，越是没钱的人越需要投资理财。通过不断的投资积累，改变自己的人生。投资不看你钱多钱少，关键是你要有投资的意识，要愿意投资、会投资，仅仅满足于自己的小日子，而没有长远的打算是不行的。

人们对投资的认知不足是投资的最大障碍，富人和穷人最大的差距也在于对投资知识的了解和认识。在日常生活中，"投资是有钱人的专利，与自己的生活无关"的观念深入中低收入者的内心。他们普遍认为，每月固定的工资收入不要说进行投资理财了，连日常生活开销也捉襟见肘。如果真有这种想法，那你就大错特错了。你应该树立"投资理财绝不是有钱人的专利"的正确理念。"你不理财，财不理你"，如果你的钱本来就不

多，那就更需要投资理财的帮助。

据市场调查情况的综合分析，从"第一笔收入、第一份薪金"开始就应该开始投资理财行动。即使第一笔收入或薪水在扣除个人固定开支之后所剩无几，也不要低估微薄小钱的聚敛能力。华尔街有一句名言："只要长期坚持，每月100元的投入，35年后的收益有望超过100万元。"这并非一句笑话，而是现实。

龙波在养猪界可是一个名人。养猪使他拥有了千万元产值，同时使他获得了由中国青少年社会服务中心、团中央宣传部主办的"我与祖国共奋进"青春梦想奖以及四川省"十大杰出青年"称号。

龙波是四川的农民子弟，2000年大学毕业后他没有像其他人一样去找工作，在家人的反对声中，他用辛苦攒下的10万元钱作为启动资金，开始在家投资养猪，经过几年的发展，龙波已经建立了12个养猪场，在全国第一个给猪注册了商标，并创建了猪业合作社，拥有商标猪23万多头，产值逾千万元。甚至有德国人让他移民到德国，想和他一起养猪。

龙波的成功说明了投资并不只是有钱人玩的游戏，穷人想要达到致富的目的，还是要靠投资的，龙波如果毕业后找一份安逸的工作，过起平常人的生活的话，那么我们就不会看到一个带领大家致富的龙波了。

对于普通工薪阶层的人来说，投资就是从小钱开始的。那么，小钱在哪里？不找不知道，一找吓一跳。大部分都是平时不知不觉从你手中流走的那部分钱。它可能是投资型保险到期的效益，或是单位临时发放的一笔奖金，也可能是你在外面兼职获得的"外快"。

投资理财方式的选择往往决定了大钱与小钱的最大分别，能够选择的方式与钱的多少成正比。比方说，想投资1000元时，能够选择的就是门槛低的低收益理财，比如储蓄和国债；而如果想投资10万元，可供选择的投资方式就随之增加了许多。不要总是嫌小钱投资赚得太少，不积跬步，无以至千里。只有先积累小钱，才有把小钱变大钱的希望。同时，当你对小

钱投资都异常精熟时，也将会有非凡的掌控大钱投资的能力！

当你对小钱进行投资理财时，不要着急将每次收到的小钱花出去，你可以每累积到2000元为一个定数，将之存到银行或进行投资。这样不仅能控制你的情绪化消费，还能使你积少成多，使投资更有动力。

实际上，在我们周围，有些人天天喊穷，有时抱怨物价过高，工资的涨幅总是赶不上物价的飞涨，有时又自怨自艾，恨自己不能生在富贵之家，甚至有些愤世嫉俗者对投资理财的行为更是轻蔑，认为投资是追逐铜臭的"俗事"，或把投资理财与那些所谓的"有钱人"对等，再以价值观贬抑之……其实这些人在不自觉中都陷入了矛盾的逻辑思维——这种人一方面对金钱给生活的巨大影响有深深的体会，另一方面对追求财富的聚集却又不屑一顾。我们周围，有许多人一辈子工作勤奋努力，辛辛苦苦地存钱，却又不知所为何来，既不知对钱财进行有效利用，又不敢大幅消费享受，最终钱没攒多少，反而受了不少穷。

要圆一个美满的人生梦，挡在你面前的是你自己的思想。许多人都已经习惯了自己的生活方式，不去投资，或者是以前的失败投资使自己产生了阴影，有了消极的态度。我们要打破这种负面的思想，慢慢去寻找一个合理的投资方向，制订一个适合自己的投资规划，这样才能使自己走上致富路。

要圆一个美满的人生梦，除了要改变陈旧的思想外，还要懂得应对人生不同阶段的生活所需，而将财务做适当计划及管理就更有必要了。因此，既然投资是一辈子的事，何不及早认清人生各阶段的责任及需求，制订符合自己的人生投资规划呢？

身为普通大众，必须端正自己的投资理财观念，消除误区，积极走出投资的第一步。现代经济走进了"投资理财时代"，眼花缭乱的投资理财工具书纷繁复杂，许多关于投资理财的课程也远离了专业领域的舞台，步入上班族、家庭主妇、学生的生活学习当中。随着经济环境的变化，勤俭

储蓄的传统、单一的理财方式已无法满足一般人的需求，而且各种投资工具也时时翻新，为投资者提供了多样化的选择。

第五节　学习投资知识

投资是一种能让我们的资产保值、增值的最好方式，有的人会说投资这么复杂，我搞不懂，也不想搞懂。更何况，投资不一定就能保值，从整个社会经济的整体来说，的确是这样的。于是，一部分人更有理由说："投资？没有必要冒这个险。"还有一些人，他们经历了失败的投资，更是对投资失去了信心。其实，这只是你眼前一段时间内的经济形势变化，如果从长时间来看的话，投资还是能使你的资产保值的，因为我们的社会经济在发展。

只有经济活动，才能够支撑起人类社会。如果发生天灾，你的钱就算锁到保险箱里，也躲不过贬值的命运，也只能是一沓沓的废纸。只有投入经济活动中，你的钱才能保得住、才能保值、才能增长。所以，不管什么时候，都需要投资。和平时期也好，战争时期也罢，安宁也好，灾难也罢，都需要投资。投资是令资产保值、增值的唯一方式。

那么，投资很难吗？其实，说难也难，说不难也不难。从实际操作的技术层面上讲，投资确实有一定的难度，但是只要你具有仔细观察的耐心，坚持做下去的信心，投资时处处留心，你会发现投资并不是很难的事情。想要投资成功，只要为投资目标竭尽全力就可以了。

投资大师巴菲特有个习惯，就是把投资当成一种生活。一天晚上，巴菲特和他的妻子苏珊受邀去朋友家中吃饭。晚餐过后，他们的朋友架起幻灯机向他们展示他拍的金字塔照片。这时候巴菲特说："我有个更好的主意，你们给苏珊放照片，我去你们的卧室读一份年报怎么样？"

　　读年报不光是巴菲特的爱好，还是他最喜欢的休闲活动。"他有一种能让自己赚钱的爱好。"伯克希尔公司的纺织品推销员拉尔夫·里格比说，"读年报对他来说是一种放松。"

　　巴菲特这种良好的习惯，造就了他成为世界首富的最基本的条件，为他以后在投资事业上不断创造奇迹奠定了基础。

　　投资是要用心去经营的项目，如果你不管不问，但又想投资的话，那你就给自己买一份养老保险吧，这样，虽然不会发家致富，但能对未来的生活做一个简单的保障。

　　如果你想做货币交易，多投入一些时间去关注，失去一些休闲的周末也是不可避免的。你必须时刻保持警惕，就像在1985年9月的一个星期天，听说《广场协议》将让美元贬值的巴菲特一样，听到风声后，他当晚从纽约打电话到已经是星期一早晨的东京，抛售了尽可能多的美元。

　　巴菲特如此成功的原因之一就是他把投资当作一种生活，对投资有着极大的关注，投资就是他的一切，而不仅仅是他的职业。所以，他每时每刻都在考虑投资——甚至做梦也会想到投资。

　　一般投资者也能获得可观的利润，即使投资并不是他的全职工作。但他必须像投资大师那样为他的投资目标竭尽全力。事实上，没有一个人能靠在空闲时间练习网球或歌唱而成为温布尔登大赛的冠军或成为与帕瓦罗蒂齐名的歌唱家。用美国前总统伍德罗·威尔逊的话说："世界上没有什么东西能取代持之以恒的精神。才华不能，有才华但不成功的人随处可见；天赋不能，天赋无回报几乎是一句谚语；教育不能，这个世界挤满了受过教育的被遗弃者；只有毅力和决心是万能的。"

　　在投资者当中大多数人还是以自己的本职工作为主的，投资只是一种业余的经济活动。就是因为它是一种业余活动，我们更应该用专业的精神去对待它，这样才能使你的投资成功。

　　经济条件好的朋友，在有条件时为防患于未然，比较稳妥的办法就是

拿出一部分资金来做储蓄、买保险。这样你就不会瞻前顾后、提心吊胆，你可以有一个好心态，放心大胆地做你喜欢的事。

经济条件一般的朋友可能认为自己没有足够的资产去投资。实际上，经济条件一般的朋友更需要投资。因为资金的减少对经济条件好的人来说影响并不是很大，而对一般的人来说则刚好相反。

有很多人一生下来就家境贫寒，但后来却出现两种不同的情况：一部分人通过投资，经济状况渐入佳境，最终过上了宽裕的日子；而另一部分人却束手无策、坐等机会，终身在贫困线上挣扎，当然更谈不上个人的发展了。

是否肯去投资，对于缺钱的人来说，其结果是截然不同的。缺钱时也可以有两种选择：一种选择是安于现状，不去设法投资，其结果当然是永远也没有钱，除非有意外之财从天而降，但这几乎是不可能的。另一种选择是设法去投资。而投资又可能出现两种结果：失败或者成功。在投资的结果中，成功的机会至少有一半；而不投资，其成功机会几乎为零。

收入不稳定的人也需要投资。收入不稳就是一种风险，因此，为了保证自己能保持稳定的生活质量，就应该居安思危，适时做出投资的安排。

其实，每个人的心里都有一块梦田，那里有许许多多的梦想：买房子、买车子、结婚、子女教育，而要依层级满足这些需求，必须建立在不匮乏的财务条件之上。因此，你必须认识到投资的重要性，学习投资知识，同时制订一套适合自己的投资、理财计划，来达成自己的生活目标。

第四章

储蓄投资，最简单稳妥的投资方式

第一节　认识储蓄投资

森林里住着狗熊一家三口。一天吃午饭时，狗熊爸爸突然严肃地对小狗熊说："儿子，我要告诉你一个不幸的消息！"

小狗熊停止了进餐，问道："爸爸，什么坏消息？"

狗熊爸爸说："那个……还是先说一个好消息吧！这几天，我出门打猎，虽然一无所获，但是发现了一个有价值的信息！"

"什么信息？"

"我们附近虽然没有发现好吃的食物，但是却盛产着一种廉价的食品，虽然它不太好吃又费牙口，但是我相信在关键时刻，它还是可以成为我们填饱肚子的东西！"

"爸爸，那到底是什么呀？"

"树皮！在咱家周围，树皮有的是！"

小狗熊听了马上就哇哇大哭，边哭边说："这么说，现在就没有可以吃的像样的食物了？"狗熊爸爸手足无措，很想安慰儿子，但又说不出什么。

"够了！"一直在一旁冷眼旁观的狗熊妈妈终于开口了，"宝宝，别担心，咱们还有吃的！"

"真的吗？"狗熊父子俩像抓住了最后一根救命稻草。

狗熊妈妈对狗熊爸爸说："我早就知道你过日子从来都没有远见和计划，一天天只会吃吃睡睡！等到饿肚子时才想起做点什么，这样恐怕什么都来不及了！"说完，狗熊妈妈打开了地下室的门，里面储存着玉米、鱼虾之类的大量食物，足够全家吃上一年的了。

"我怎么不知道有这些东西？"狗熊爸爸问道。

"是啊！要是早告诉你，恐怕你早就把这些食物偷偷吃光了！过日子讲究的是积累，要提前留足过冬的粮食才行！"狗熊妈妈斜了狗熊爸爸一眼说道。

狗熊爸爸奉行的"财务政策"跟现在我们身边的"月光族"是一样的，那就是吃光、喝光、用光，在生活受到波折，无米下炊的时候才会想起攒钱。相比之下，狗熊妈妈就要理智得多，因为她明白，储蓄是投资理财的基础。

在个人理财盛行的今天，讲到理财无疑有很多种方法，很多种门路，可能一本书都无法穷尽，但最主要的，也是刚刚踏上理财之路的年轻朋友们应该谨记的是，无论收入多少，一定要留出一部分钱储蓄起来。有许多人忽视了合理储蓄在理财中的重要性，不少人错误地认为只要理好财，储不储蓄并不重要。

阿萍大学毕业之后，先是进了一家软件公司，之后又跳到了一家大型的留学中介公司。算起来工作已3年了，按说毕业后工资也不算低，但是始终没有存下钱来。朋友几次跟她说，一定要把工资的1/5用于储蓄或者投资。这样，万一以后有个什么突发事件，或者想要进修，就不会太被动。每当这个时候，阿萍总是对朋友说："我知道，但是现在一个月到手的就只有3500元，每个月房租1000元，吃饭1000元，买书500元，交通300元，再加上电话费、购置衣物、朋友聚会，怎么能省下钱？'月光'是不用说了，不做'负婆'就不错了。再说了，不趁着年轻的时候好好玩，每个月存个五六百块钱有什么用？最重要的是要找个好工作，否则再怎么省钱也没有用！"

可是，近几天阿萍却深刻体会到储蓄的重要性了。原先，阿萍打算换一个工作，于是就辞职了。原先她觉得找工作是一件轻而易举的事，不料一直没有找到合适的。于是，阿萍一个月后就处于"弹尽粮绝"的境地了。她打趣地说："现在成为彻头彻尾的'负婆'了，早知今日，当时就应

该每个月多多少少存一点钱，至少现在基本的开销不会存在问题，不会为下一步该向谁借钱而烦恼。"

从理财的角度来说，科学的储蓄对于积累资金而言是十分必要的。"全球投资之父"约翰·邓普顿说："财富源于储蓄。"我们都知道，理财是为了实现人生的重大目标而服务的，而每月的储蓄其实就是投资的来源。因此，合理的储蓄应该先根据理财目标和自身的情况通过精确的计算，得出为达成目标所需的每月准确的金额，然后再加上适当的量入为出，在明确的理财目标指引下，每月都按此金额进行储蓄。至于每月的支出，那就是每月的收入扣除每月的储蓄额后的结余了。这样的储蓄，也是一种很好的理财方法。

在著名的学府哈佛大学，第一堂经济学课，只教两个概念。

第一个概念：花钱要区分"投资"行为和"消费"行为。

第二个概念：每月先储蓄30%的工资，剩下来的才进行消费。

有些人认为银行储蓄的利息低，谈不上是投资。其实不然，储蓄投资的利息确实比较低，但它的投资风险也小，这是合乎逻辑的。

尤其是在推崇稳健投资的人眼里，银行历来是一块金字招牌。所以，同样是人民币理财产品和货币市场基金，由于前者是银行发行的，后者是基金公司推出的，即使两者的投资方向和收益相差不大，多数人仍然会首选储蓄投资，因为它的背后是银行。这就是一个很好的证明，也是为什么储蓄投资在各种投资方式中仍然占据重要的地位，许多投资者都把它当作首选投资方式的原因。

储蓄投资的利息收入低，这是它的缺点，但可以通过提早储蓄来弥补，把劣势转化为优势。这是因为储蓄投资的复利因素在起作用。复利需要时间，时间越长，复利越多，这正暗合"长线是金""时间创造财富"的真理。那么，怎样才能做到这一点呢？这就需要投资者及早进行个人和家庭财务规划，尽可能多地把一部分闲散资金用于储蓄，把它作为自己最早

和必需的投资方式来对待。

很多商豪巨富都是从努力打拼、储存第一笔资金开始的。对他们而言，把手头有限的资金积存起来，就是创业的第一步。

英国小说家查尔斯·狄更斯在小说《大卫·科波菲尔》中这样写道："挣20英镑，花掉19.96英镑的人，留给他的是幸福；挣20英镑，花掉20.06英镑的人，留给他的是悲剧。"钱虽不多，但要早早地将它储蓄起来，并持续下去，选个适当的时机进行投资，这就是致富之道。

存钱可以让人在不经意之间积攒一笔创业资金，从一点一滴做起，就能成为经济上的成功人士。富人在创业之初，就是通过不断存钱、不断积累来聚集财富的。

詹姆斯·荷伊从宾州的农业区来到费城，进入一家印刷厂工作。他的一位同事在一家储蓄公司开了一个户头，养成了每周存款5元的习惯。在这位同事的影响下，荷伊也在这家储蓄公司开了个户头，每个月在发了工资之后就存进50元。三年后，荷伊有了1800元的存款。这时，他工作的这家印刷厂发生财务困难，面临倒闭的命运。荷伊立刻拿出存下来的这1800元钱来挽救这家印刷厂，也因此获得了这家印刷厂一半的股份。

荷伊采取了严密的节约制度，协助这家工厂付清了所有的债务。到了后来，由于他拥有一半的股权，他每年都可以从这家工厂里拿到超过2.5万元的利润。

荷伊做梦也没想到，他每周存下的几十元钱会促成自己日后的成功。实际上，有了一定的储蓄，就多了一定的机会，当机会来临时，就有一定的资金来做铺路石。

根据目前国内的调查显示，中国城市居民家庭理财方式仍呈现以储蓄为主的局面，储蓄以60%的普及率高居家庭理财方式的榜首。选择储蓄虽然是较为保守的理财方式，但是对于刚大学毕业的社会"新新人类"来说，也不失为良计。有一位理财规划师分析说："年轻人应该先从攒钱开

始，收入像河流，财富像水库，花出去的钱就是流出去的水，只有剩下的才是你的财，如果你都是'月月光'，那你有什么财可理？"所以说年轻人的理财一定要从攒钱开始。

第二节　了解储蓄的种类

储蓄投资的主要形式是银行储蓄或银行存款。银行储蓄是针对个人而言的；银行存款既可以针对个人，也可以针对单位，但主要是指单位的公款存款。为了有所区别，本书针对个人的银行存款统一用银行储蓄来表达。

银行储蓄是一种较老的投资方式，也是目前几乎所有人都离不开的一种投资方式。要想了解储蓄投资，首先要了解储蓄投资有哪几种方式。

1. 活期储蓄

活期储蓄1元起存，多存不限，存折记名，可以挂失、设立密码，可以随时存取。利息在每季末月的20日结算，结算后的利息计入本金，供下次计息使用。活期储蓄利率低，主要用来代扣代缴日常开支，如水费、电费、燃气费、电话费、数字电视费等，非常方便。

活期储蓄的形式包括活期存折储蓄、活期支票储蓄、借记卡等，可以在计算机联网的储蓄所通存通兑。目前，多数单位发放工资均通过借记卡办理，如果收入数额较多，可以定期（一般是两个月）检查一次余额，将多余款项转出，另存为定期储蓄或用于其他投资渠道。

2. 定、活两便储蓄

定、活两便储蓄50元起存，不必约定储蓄期限，而是由银行按照储蓄的实际存期计算利息。定、活两便储蓄既有定期储蓄之利，又有活期储蓄之便，并且可以随时支取。

具体计息规定为：实际储蓄期限在3个月以内（不含3个月）的，利息

按照销户时的活期利率计算；实际储蓄期限在3个月以上（含3个月）的，按照销户时的同档次整存整取定期储蓄利率的60%计算。从这一点来看，如果储蓄不能确定具体支取时间，但能确保存期超过3个月的，采取这种储蓄方式比较合算。

3. 通知储蓄

通知储蓄5万元起存，分为一天通知储蓄和七天通知储蓄两种。储蓄时不需约定储蓄期限，但在支取时需要提前一天或七天与银行约定取款日期和金额，到了约定日期再根据约定金额取款。

这种储蓄方式主要适合个体工商户采购货物、股民持币观望的资金、节假日闲散资金使用，适合数额大、存期短的款项。这种储蓄期限最好定为七天的档次，这样既不耽误正常使用，又能获取较多利息。

4. 零存整取储蓄

零存整取储蓄5元起存，存期分为一年、三年、五年三个档次，适合低收入家庭使用，可将固定、小额的余款积少成多。

零存整取储蓄的最大优点是可以变"小钱"为"大钱"，缺点是难使人坚持到底。零存整取储蓄开户金额的大小虽然可以自定，但一旦确定下来就要按月存入相同金额的款项，不能遗漏。若有遗漏，必须于第二个月补存，否则视为违约，到期支取时利息分段计算：违约前的本金按实际金额、实际存期计算利息，违约后存入的本金按活期利率计算。

5. 存本取息储蓄

存本取息储蓄一般5000元起存，存期同样分为一年、三年、五年三个档次。开户时整笔存入金额，然后按照约定一个月或几个月的期限分次提取利息，到期归还本金（如果提前支取本金，要按照定期储蓄提前支取规定计算实际应付利息，然后由银行扣回销户前多付的部分）。

存本取息储蓄如果能与零存整取储蓄方式相结合，可以收到相得益彰的效果。为了避免多次往返银行，可以与银行约定"自动转息"。

6. 整存整取储蓄

整存整取储蓄50元起存，存期分为三个月、半年、一年、两年、三年、五年六个档次。本金一次性存入，然后按照约定存期支取本息。如果提前支取，利息只能按活期储蓄计算。整存整取存单即将到期时，若储蓄者急需用钱，可以通过"存单抵押贷款"来解决，以减少利息损失。这项业务在开户或存单未到期前，可以申请办理自动转存（预约转存）或约定转存业务，这样既能避免到期亲自跑银行转存，又能避免利息损失。

整存整取储蓄的最大优点是可以让长期不动的款项取得更多利息收入。这种储蓄方式的技巧为：当银行利率很低时，如果确定某笔资金不需动用，储蓄期限越长利息收入就越高；而当银行利率很高时，储蓄期限反而以一年、两年期更合适，到期后再取出利息滚动轮番存储。

7. 教育储蓄

教育储蓄是50元起存，本金最高合计2万元，对象为小学四年级以下学生。如果按月存储，允许每两个月漏存一次。

教育储蓄主要是为孩子积攒将来的教育费用，主要优点是利率优惠（一年期、三年期储蓄按同档次整存整取定期储蓄利率计息，六年期储蓄按五年期整存整取定期储蓄利率计息，零存整取按整存整取利率计息）、免征利息所得税、将来上大学时可以优先办理助学贷款。

8. 智能通知储蓄

智能通知储蓄5万元起存，虽然是活期账户，可是其中的千元整数倍金额会自动转入"智能通知储蓄"账户，享受通知储蓄利息收益。账户资金每满七天就自动计息一次，然后将利息与账户中可用资金的千元整数倍转入本金再次起息，这样就实现了资金的利滚利。

智能通知储蓄的优点是储蓄时不需要设定存期，银行会根据储蓄时间长短自动匹配最合适的存期，满七天就利滚利，并且同样可以享受活期储蓄的便利，帮助投资者自动实现自身投资和收益的最大化。

第三节　储蓄从节俭开始

在我们的周围，经常可以看到一些人收入非常丰厚，日子却过得并不怎么舒畅，其中一个重要的原因，就是缺乏理财的能力。这些人很会挣钱，但却不会理财，不知道省钱，更不知道如何用钱生钱，其结果是挣多少花多少，他们便是"月光族"。

有人说，"月光族"是在提前享受"中产"的生活，其实这种说法是错误的。"中产"生活不只是可以很轻松地消费，而且他们很少有经济压力，有稳定的资产与积蓄做后盾，这哪是"月光族"所能比拟的？许多"月光族"上半月奢侈无度，下半月穷困潦倒，一半时间为钱焦虑，况且前景不明，这哪有什么幸福可言？

"月光族"都是能够挖到金子的，也有挖金的能力，但如果不改变自己的生活方式，学会当家理财，是永远享受不到真正的富裕生活的，也不可能长久地拥有财富。

所谓节俭，不是不用钱，而是要合理地用钱，有计划地用钱。该花的钱，不管花多少都要花；不该花的钱，一两元都不能乱花，这才真正是"有钱人"的风格。

到底是什么原因使身价几百亿美元的盖茨不愿多花几元钱将车停到贵宾车位呢？原因很简单，盖茨作为一位天才商人，他深深懂得花钱应像炒菜放盐一样恰到好处，哪怕只是很少的几元钱甚至几分钱，也要让每一分钱都发挥出最大的效益。一个人只有用好了自己的每一分钱，才能做到事业有成，生活幸福。

致富的钥匙在于量入为出。大多数百万富翁都是买现成的西装，开普通的福特车，在平价商场购物。

很多朋友辛苦了一辈子，倒也有了体面的工作以及不菲的收入，可是怎么也无法摆脱收支抵消的尴尬，这是怎么回事呢？其原因就在于不能有效地运用每一分钱，不能将每一笔开销都翔实地记录下来。不要小看花钱的小地方，因为日积月累，小水滴也会汇聚成汪洋大海，其实日常生活中很多费用是不必要的，有些花销看似不起眼，但长年累月持续下来，也是一大笔钱。

老话讲："吃不穷，穿不穷，算计不到就受穷。"对于零储蓄族来说，制订一套"用钱"计划更为重要。如何有效支配你的钱？最好的办法就是做预算，和自己算算账。

很多人会问："记账和理财有什么关系呢？记账又不能让收入变得更多。"但是记账可以帮你做到以下几点。

1. 控制过度消费

通过记账，你会很清楚地知道自己的钱都用来做了什么，对每一笔账都做到心中有数，哪些是必要的开销，哪些是非理性的、应该避免的花费，各占多大的比重。有专家统计，个人或者家庭的年节余比例要达到收入的40%才是正常的。参照这样的比例，有助于帮助你找到家庭超支的大秘密，并对症下药。相信"月光族"如果能够学会记账，每月月底也就不会再度日如年了。

2. 合理地安排财务

记账，并不是单纯地把每笔收支记个流水账，更重要的是要进行归纳总结。

有一位女士，本来想买辆车作为代步工具，朋友劝她说现在油价上涨，养一辆车的费用还不如打出租车合适。这位女士觉得朋友的话有道理，就暂时放弃了买车的想法。但是，经过一段时间的消费记账之后，她发现，依自己的情况来看，每个月打车的费用基本在千元左右，遇到刮风下雨，还可能因为打不着车而误事，这样一算，还不如买车合适呢。于是，她重新修正了自己的消费计划，将买车纳入了自己的近期计划之中。

3. 记账要讲究方法，进行分类

有不少人认为：记账既浪费时间，在短期内又看不到什么收益，还不如不记，其实记账并不是乱记，而应该讲究方法，合理进行分类。

简单地说，分类记账一是要区分每月增加的钱到底是收入还是借款，二是要弄清楚每月减少的钱到底是支出还是投资，区分这两项非常重要。

除了认识到可能会花钱的地方外，你还可以找一些省钱的小窍门，如果把它们变成习惯，那你的财务状况一定会好很多的！

第一，不为情绪买单。最好不要在情绪不好的时候逛街，因为很多人经常会把购物作为情绪的发泄口，在情绪不好的时候逛街通常会买回来一堆没用的或不适合自己的东西，而导致事后后悔不已。

第二，将AA制进行到底。AA制是最科学的消费方式。大家一起出去玩，可别为了一时面子而慷慨掏腰包。你大可请在座各位AA制，除非是你的生日宴或庆祝自己升职一类的活动。

第三，建立消费同盟。和与你有同样烦恼的朋友结成"消费同盟"，彼此分摊每个月的巨额开支。人越多，分摊的钱就越少，你可以和一帮人去泡吧、打游戏，既热闹又实惠。你没必要置办全套时装及化妆品，在需要出席高级宴会的时候，你可以和其他朋友分享一只皮包或一套晚礼服。

第四，爱惜身体少生病。健康的身体能使人生活如意、工作更有成效。如果身体有病，一般去一次医院少则几百元，多则上千元。万一患重大疾病，可能会将你多年的积蓄一扫而光。即使你有医疗保障（如公费报销、医疗保险等），额外的开支也是不可避免的。

第五，参加团购大军。如果你厌倦了一个人讨价还价，你应该试试团购。团购最重要的一点就是省钱。和你相熟的朋友一起组织起来，人数最好超过10个，以团体的形式去购买同类商品，如果你的朋友圈不是那么广泛，也可以到网上去看看，网上有很多专门组织团购的网站。

怎么样，是不是已经有点理财"小算盘"的意思了，不过可别骄傲，你在省钱的时候千万别忘了该花钱的地方不能做出很小气的样子，否则就得不偿失了。

第四节　储蓄投资配置大法

各种投资方式之间有着密切联系，可以相互转化。储蓄投资也是如此，它可以与其他各种投资方式互为补充或交换。

以保险为例。从本质上来看，严格地说保险属于理财产品而不属于投资产品，因为它的初衷是用投资者确定、少量的损失对冲不确定、大量的损失，而并非获取多大的投资收益。从全社会来看，保险相当于一种互助金——让所有投保者组成一个互助联盟，用所有投保者的钱帮助遭遇灾难的投保者，使其得到补偿和安慰。

以汽车保险为例。如果购买一辆价值15万元的家庭小轿车，需每年投入4000元用于保险。这4000元保险费是确定的，但在投保后的一年内会不会遭遇汽车失窃及其他重大事故等是不确定的。投入保险后若一年内没有遇到这些麻烦，那么4000元保险费就"充公"了；若遇到这些麻烦，就可以从这个"互助组"（保险公司）中得到赔偿。

那么，保险又怎么与储蓄投资方式相互转换呢？上面所提到的保险是传统概念，现在保险公司推出了许多保险品种，以各种投资产品的面目出现，原来的这种对冲风险特性反而成了一种陪衬，这就为保险与储蓄投资方式之间的相互转换创造了条件。例如某人每年交纳2000元大病保险费，持续20年，那么以这20年为期，期间若其患上大病，将会获赔20万元现金；若没有患上大病，则可以拿回全部本金，也就是在其交纳第20期2000元保险费后，可以将这20期2000元现金共计4万元本金重新领回来。

从投资者角度来看，这好像没什么损失，顶多损失掉"一点利息"，但却给了投资者一定的保障，即投资者一旦患上大病后能够得到巨额医疗费补偿。

当然，保险公司也会从中获取收益。保险公司在收到投保者的投保费用后，会将其用于项目投资，这种投资回报率比普通投资者要高得多。以美国开放式基金的年平均收益率15%计算，若投资者在20年中分期分批投入4万元本金，经过20年的不断操作，20年后它能得到的本金和利息之和高达24.4万元，扣除返回给投资者的4万元，可以净赚20万元。

现在的保险品种都有一个共同的特点，那就是年限很长。因为只有年限长，它们才能从中获得巨大的复利收益，并且用时间来确保投资获利（如果投保期限过短，受突发因素影响大，保险公司的获利会比较没有保障，甚至有可能亏损）。权威研究表明，只要还款期限超过5年，基本上就可以确保稳赚不赔。

有一点我们应注意，虽然保险公司从缴费中获利丰厚，但这并不表明其侵占了投保者的利益，投保者依然可以通过这种类似于储蓄投资的保险方式降低风险。这主要表现在两方面：一方面是使患上大病的投保者得到20万元的医疗补偿；另一方面，如果投保者未患大病，最终仍然可以得到4万元本金，也算是降低了投资风险。

上述就是储蓄投资与其他投资方式相互转化的一个典型案例。

下面再将储蓄投资与买私家车（这也可以看作是一种投资）结合起来，来看一看两者之间是如何转换的。例如一个普通的三口之家：夫妻两人的月收入分别是3100元和1400元，女儿刚满一岁。虽然自己有商品房，但为了照顾孩子，他们暂时和一方父母住在一起。父母都有退休金，每月合计2000元。全家每月生活开销费用在2500元左右。除女儿外，全家人都有医疗保险。全家没有负债，现有储蓄7万元，但没有其他投资项目，希望能在两年内买一辆私家车。

在这种情况下，这个家庭就可以把每月的结余4000元（3100＋1400＋2000－2500）做如下安排：用其中的2000元做一年期零存整取储蓄，每月存入2000元，一年后转成一年期定期储蓄；再加上第二年依然还有每个月2000元的零存整取储蓄，这样两笔储蓄两年后的本息和就是差不多5万元，加上原来的7万元储蓄及其在这两年中的投资收益，买辆私家车不但足够，而且有余款可以用于购买国债、基金、股票、黄金等中长期投资。

另外，每月2000元的结余可以用在其他方面。例如，把其中的1000元用于家庭零用，其余1000元用于购买定投基金或其他理财产品，以保证全家的应急资金，避免因买车而降低生活质量。

第五节　储蓄方案有讲究

现在的小孩子可能对于存钱罐已经不怎么熟悉了，但对70年代出生的一代人来说，存钱罐有着特殊的意义。当从父母手中接过那只"小肥猪"存钱罐的一刻起，储蓄的观念就已经深入人心了。

储蓄投资的获利回报来源于利息收入，虽然存款利率的下调给居民存款的利息收入带来了一定影响，但这种影响是一种局部的影响，至少对于本金是没有任何影响的。无论利率如何，无论降息多少，储蓄存款所谓的"保本"作用是无法忽视的，这是投资理财的要素之一。储蓄存款的配置永远是最基础的配置，任何时候都不能丢弃。离开了储蓄，我们的风险投资就会失去一堵"防火墙"，当风险来临以及投资环境恶化时，我们可能将会无法从容应对。

良好的储蓄习惯对其他方面的投资理财很有帮助。然而有相当一部分人都不知道怎样合理有效地存钱，而且当前利率很低，单纯的活期或定期储蓄利息收益实际上是相当微薄的。那怎么样才能既保证收益，又把钱灵

活运用？有关金融专家为此设计了5套方案。

1. 大小单储蓄：中等收入家庭首选

方案：假定现在有5万元现金，把它平均分成两份，每份2.5万元，然后分别将其存成半年和一年的定期存款。半年后，将到期的半年期存款改存成一年期的存款，并将两张一年期的存单都设定成为自动转存。这样交替储蓄，以半年为循环周期，每半年就会有一张一年期的存款到期可取，以备不时之需。

2. 利滚利储蓄：大额投资者驿站

方案：如果手中的闲置资金数额较大，可以将这笔钱存成存本取息的储蓄，在一个月后，把这笔存款第一个月的利息取出来，然后再开设一个零存整取的储蓄账户把所取出来的利息存到里面，以后每个月把第一个账户中产生的利息固定取出存入零存整取账户，这样不仅得到了存本取息储的利息，而且其利息再通过零存整取储蓄后又可得到新的利息。此外，还有七天通知存款（利率为1.35%）和一天通知存款（利率为0.81%）都是存取灵活、收益相对较高的储蓄品种。

3. 切割储蓄：有支出计划人士偏爱

方案：假定有10万元现金，可以将它分成不同额度的4份，分别是1万元、2万元、3万元、4万元，然后将这4张存单都存成一年期的定期存款。在一年之内需要用钱的任何时候，都可以把那张和所需金数额接近的存单取出来，剩下的可以继续享受定期利息。这样用钱的需求能够得到满足，而且利息收入也会最高。

4. 循环储蓄：年轻白领阶层最爱

有些投资者，尤其是工薪阶层，发工资后的第一件事就是去银行办理零存整取，希望通过这种方式多存钱，并且储蓄到期还能有一笔定期储蓄收益。实际上，这种投资方式得到的利息收入要远远低于多单整存（按照零存整取的方式每个月在银行开设一张定期存单）的收益。

　　以一年期零存整取为例，年利率只有1.71%，相当于三个月期整存整取利率；三年期零存整取利率为1.98%，正好相当于半年期整存整取利率。这样就能看出其中的差别，并找到合适的投资方式——采用多张整存整取存单的储蓄方式，虽然与零存整取的做法相同，却能取得比后者高得多的收益率，并且还可以避免由于漏存造成按活期利率计算的利息损失。

　　与此相似的是，提前支取、零存整取的损失也会大幅高于多单整存。每月开立一张定期存单，需要支取时就选择已经到期或者存入时间不长的存单办理提前支取，这样造成的利息损失要比一次性支取零存整取小得多，因为后者是按活期计息的。

　　方案：每月发工资以后，根据自己的情况把一部分钱整存整取一年期，这样一年下来就有12张单子，一年以后就会每个月都有一张单子到期，把那张到期单子的钱取出来再加上当月要存的钱一起再存起来，这样既不会在用钱的时候没有单子，同时到期享受的利息比活期高。比如每月节余2000元，如果放在工资卡里按活期利息0.36%算，一年后有24086.4元（税后），而按照上述方法存一年期整存整取利息2.25%，一年后就有24540元（税后），利息上就会多出来453.6元。

　　5. 零存整取储蓄："月光族"良药

　　方案：零存整取是每月固定存额，一般5元起存，存期分一年、三年、五年，存款金额由储户自定，每月存入一次，到期支取本息。中途如有漏存，应在次月补齐，未补存者，到期支取时按实存金额和实际存期，以活期利率计算利息。

第五章

股票投资：股市有风险，投资需谨慎

第一节　了解股票投资

随着我国经济的稳步发展，股市的投资者越来越多。股票投资已经成为普通百姓的投资渠道之一，特别是对于希望实现财富梦想的投资者来说更是如此。那么，我们首先就要搞明白什么是股票。

股票是股份有限公司在筹集资本时，向出资人发行的股份凭证。股票的用途有三点：其一是作为一种出资证明，当一个自然人或法人向股份有限公司参股投资时，便可获得股票作为出资的凭据；其二是股票的持有者可凭借股票来证明自己的股东身份，参加股份公司的股东大会，对股份公司的经营发表意见；其三是股票持有人凭借着股票可获得一定的经济利益，参与股份公司的利润分配，也就是通常所说的分红。

在现实的经济活动中，人们通常有四种途径获取股票：其一是作为股份有限公司的发起人而获得股票，如我国许多上市公司由国有独资企业转为股份制企业，原企业的部分财产就转为股份公司的股本，相应地，原有企业就成为股份公司的发起人——股东。其二是在股份有限公司向社会募集资金而发行股票时，自然人或法人出资购买的股票，这种股票通常被称为原始股。其三是在二级流通市场上通过出资的方式购买他人手中持有的股票，这种股票一般称为二手股票，这种形式也是我国股民获取股票的最普遍形式。其四是他人赠与或依法继承而获得的股票。

无论股票的持有人是通过何种途径获得股票，只要他是股票的合法拥有者，就表明他是股票发行企业的股东，就享有相应的权利与义务。我们通常意义上所说的股票，它的全称是"股份证书"。股票的基本单位是"股"，每一股股票代表股东拥有对该股份公司一个基本单位的所有权。

股票可以转让、买卖、作价抵押。

1.股票投资的收益

股票投资的收益主要包括两大部分：一是上市公司分配盈余时股东应该得到的股息，二是股票买卖的价差收入。

（1）股息

股息也叫股利，是指投资者投资的这家公司有了盈利后，按照每位股东所持股份比例进行的利润分配。如果该公司当年没有盈利，也就没有利润可供分配了。这就是投资股票时需要考察该公司经济状况、盈利水平的主要原因。在证券市场上，股票的分红、派息都是通过证券交易所及登记公司协助办理的。

股息包括两种：股票股利（俗称送红股）和现金股利（俗称派现金）。从某种意义上说，有盈利的股票就像一只"老母鸡"，天天都会给你下"金蛋"；而没有盈利的股票是一只"铁公鸡"，一毛不拔。

（2）股票价差

股票价差是指投资者在股票市场上利用股价波动买卖股票，从这种低吸高抛中赚取差价。当这种差价为负值时，就造成投资亏损。

投资股票赚取价差的行为非常普遍，尤其是在投机性较强的股市中，短线投资行为比比皆是。目前，虽然低吸高抛人人皆知，可是操作起来难度相当大，最终"高吸低抛"，遭受亏损的投资者占大多数。

虽然低吸高抛的方法简单、明确，一说就懂，可是谁也不知道什么时候是真正的"低"，又会低到何种程度？什么时候是真正的"高"，又会高到何种程度？除此以外，一些投资者也不知道当股市的发展与其现在的分析判断相背离时，怎样保护已有的果实。在各种各样单独看起来均有效的盈利方法中，一些投资者也不知应在何时采取哪种方式最恰当。这就是为什么绝大多数投资者虽然在游泳池里会游泳，可是当被扔进汪洋大海中，四处看不到岸时，唯一能做的就是随波逐流。

2. 股票的特性

股票是一种高风险、高收益的投资项目，它主要体现在：

（1）不可偿还性

股票是一种无偿还期限的有价证券，投资者认购了股票后，就不能再要求退股，只能到二级市场卖给第三者。股票的转让只意味着公司股东的改变，并不减少公司资本。从期限上来看，只要公司存在，它所发行的股票就存在，股票的期限等于公司存续的期限。

（2）参与性

股东有权出席股东大会、选举公司董事会、参与公司重大决策。股票持有者的投资意志和享有的经济利益，通常是通过行使股东参与权来实现的。股东参与公司决策的权力大小，取决于其所持有股份的多少。从实践中看，只要股东持有的股票数量达到左右决策结果所需的实际多数时，就能掌握公司的决策控制权。

（3）收益性

股东凭其持有的股票，有权从公司领取股息或红利，获取投资的收益。股息或红利的大小，主要取决于公司的盈利水平和公司的盈利分配政策。股票的收益性还表现在股票投资者可以获得价差收入或实现资产保值、增值。通过低价买入和高价卖出股票，投资者可以赚取价差利润。以美国可口可乐公司股票为例。如果在1983年年底投资1000美元买入该公司股票，到1994年7月便能以11554美元的市场价格卖出，赚取10多倍的利润。在通货膨胀时，股票价格会随着公司原有资产重置价格上升而上涨，从而避免了资产贬值。股票通常被视为在高通货膨胀期间可优先选择的投资对象。

（4）流通性

股票的流通性是指股票在不同投资者之间的可交易性。流通性通常以可流通的股票数量、股票成交量以及股价对交易量的敏感程度来衡量。可

流通股数越多，成交量越大，价格对成交量越不敏感（价格不会随着成交量一同变化），股票的流通性就越好，反之就越差。股票的流通使投资者可以在市场上卖出所持有的股票，取得现金。

（5）价格波动性和风险性

股票价格受到诸如公司经营状况、供求关系、银行利率、大众心理等多种因素的影响，其波动有很大的不确定性。正是这种不确定性，有可能使股票投资者遭受损失。价格波动的不确定性越大，投资风险也越大。因此，股票是一种高风险的金融产品。例如，称雄于世界计算机产业的国际商用机器公司（IBM），当其业绩不凡时，股票每股价格曾高达170美元，但在其地位遭到挑战，出现经营失策而招致亏损时，股价又下跌到40美元。如果不合时宜地在高价位买进该股，就会导致严重损失。

3. 股票的三大优势

股票作为个人资产，有三大优势：

第一，股票作为金融性资产，是金融投资领域中获利性最高的投资品种之一。追求高额利润是投资的基本法则，没有高额利润就谈不上资本扩张，获利性是投资最根本的性质。人们进行投资，最主要的目的是获利，获利越高，人们投资的积极性就越大；获利越少，人们投资的积极性就越小。如果某一种投资项目根本无利可图，人们即使让资金闲置在手中，也不会将资金投入其中。当然，这里所说的获利性是一种潜在的获利性，是一种对未来形势的估计。投资者是否能获利，取决于投资者对投资市场和投资品种未来价格走势的预测水平和操作能力。

第二，投资股票的风险具有可控性。人们通常认为，风险大，利润也大；风险小，利润也小。股市是一个伸缩性很强的市场，投资多少完全由个人控制，如果个人承担风险能力小，就可以选择少投资。股票投资不像一般的实业投资那样，前期需要很大的投资成本，承担很大的风险，一旦市场不景气，想撤出投资都难了。

第三，股票投资的可操作性极强。一般来说，金融性投资的可操作性要高于实物性投资的可操作性。可操作性强与不强，首先体现在投资手续是否简便易行，其次体现为时间要求高不高，最后是对投资本钱大小的限制。金融性投资的操作方法和手续十分简便，对投资者的时间和资金要求也不高，适合大多数的投资者。在金融性投资中，买卖证券（包括在证交所上市交易的股票、投资基金、国债和企业债券）的可操作性最强，不仅手续简便，时间要求不高，而且投资股票可以说没有本钱限制，有几千元就可以进入股市。

第二节　炒股就是炒心态

许多人炒股的失败，不是败在技术上，而是败在自己不良的心态上。股市中最重要的是心态，其次是技术，最后是手法。有人说：股市如人生，股市如战场。若想成为股市中的胜者，关键是"炒股要有好心态"。

股市里人云亦云的人多，而保持清醒头脑的人少。跟风炒股的人太多，坚持价值投资的人太少。股市大涨的时候，看涨的人大喊"牛市10000点"，于是好多人纷纷贪婪买进。股市大跌的时候，看空的人大喊"熊市2000点"，甚至要推倒重来，于是很多人纷纷恐惧割肉、清仓。讲到这里有一个非常有趣的小故事，讲的是一个既聪明又愚蠢的石油大亨。

某石油大亨死后，来到了天堂门口。

天堂口的门卫圣彼得看见大亨，遗憾地把双手一摊："先生，很抱歉，以你的条件本来是可以进入天堂的，但是目前天堂已经满员，没有你的位置了，要不你到地狱去看看吧。"

大亨听完后想了想，要求去见上帝。于是门卫把石油大亨带到了上帝面前。

上帝说："我的孩子，你有什么需要吗？"

大亨说："我只有一个小小的要求，希望能向天堂里的人们说一句话。"上帝同意了大亨的请求。

大亨站在天堂口，冲着里面的人喊了一嗓子："地狱里发现了金矿！"

立刻，奇迹出现了，天堂里的人蜂拥着冲向地狱。

天堂里一下空了许多。圣彼得热情地请石油大亨进入天堂。但是，此时的大亨却犹豫了一下，说道："我还是去地狱吧，我看这么多人都相信了'地狱里有金矿'这件事，地狱真的有金矿也说不定。"

盲目跟风是最常见的一种股民心态。这是指股民在自己没有分析行情或对自己的分析没有把握时，盲目跟从他人的心理倾向。这种投资者往往一方面对股价的狂涨狂跌起了推波助澜的作用，另一方面自己也上了那些在股市中兴风作浪的人的当。

股市时常风云突变，不时会有虚实参半，令人无法辨别真假的消息。这种时候一定要有自主判断、自主决策的能力，避免人买亦买，人亏亦亏。股市中，真理不会因为人们的蜂拥而上就掌握在多数人手中，因此切忌盲目跟风。

投资者，特别是新股民在投资过程中极易产生某些可能导致失败的心理状态，这是投资者的大忌。除了盲目跟风之外，常见的心理误区还有如下几种。

1. 举棋不定

具有这种投资心理的投资人，原本在买卖股票之前已制订好了计划，但当他步入股票市场时却一有风吹草动就心猿意马，不能按计划实施自己的方案，不是按兵不动，就是盲目跟风。

举棋不定的人太易受环境的左右，朋友的三言两语或是其他股民的不同做法都会使他改变初衷，原本打算抛出的也不敢抛了，原本打算买进的股票也换了一种。如果说自己原来的计划是经过缜密思考的，此时就应当

坚持自己的立场，不因现场买卖氛围的压力而放弃自己有理有据的分析。否则不但可能错失发财良机，更有可能再次因跟风而蚀本。

2. 欲望无止境

投资股市自然都是为了赚钱，但切不可太贪心，否则常常会造成"扭盈为亏"的局面。

股票市场上贪心的人总是不能控制自己的贪欲，每当股票价格上涨时，总不肯果断地抛出自己持有的股票，总是在心里勉励自己一定要坚持到盈利的最后一刻，导致最终错失良机；或是每当股票跌时迟迟不肯买进，总盼望股价能一跌再跌。这种无止境的贪欲，会使本来已经到手的获利落空。

另外，就是从尽量多赚钱的角度来说，死等一个股票涨到最高点也不可取。首先，谁也不会准确知道到底最高点会在何时出现，而且即使出现，也是转瞬即逝难以把握的，谁也无法保证你能抢在别人之前把股票抛掉。哪怕是通信过程或操作过程上的一点耽搁，都会使你错过这个"黄金点"。其次，从稳健经营的角度来说，有等这一只股票再涨一点的时间，不如卖掉它赶紧再买一些处于低价位的股票，待其攀升一段后再卖掉。这种做法可以在同样长的时间里稳赚两笔。这样，不但保住了可以到手的利润，而且充分利用了时间这一股市中另一可以用金钱来衡量的因素，同时还可能获得更大的利润。总而言之，股市中流行的一句话概括得好："多头空头都能赚钱，唯有贪心不能赚钱。"

3. 把炒股当赌博

不少股民都希望一朝发迹，一旦抓住一只股票，总想靠它一本万利，缺乏耐心和自身的判断力。若这一只股票获了利，就会像赌徒一样不断下注，把一切资金、希望甚至身家性命都押在这一个宝上，直至输得倾家荡产。

其实股市虽说变化无常，但并非完全没有规律可循，这同赌场中的碰运气不同。见好不收，依靠纯粹由心理支持的价格飞涨的"牛市"虽可持

续一段时间，但终将一泻千里。而这种鲁莽的空中楼阁的缔造者也很少能幸免于难。

4.贪便宜货

高价入市，手接别人的"最后一棒"，当然是投资者都不愿碰到的情况，但一心一意只想购入价格十分低廉的股票也不见得会有好的收益。若低价的股票还有很大的上涨空间，低价位购入自然是最好不过的选择。但若购买股票时一味贪低，不加分析，不去购买勤升的优质股，只购买一些价值不高、波动不大的低价股票，往往会被套牢在这些"垃圾股"中，眼看机会一个个溜走。

5.恐慌

在股市中保持警觉是十分必要的，但这并不意味着听风就是雨。股市中随时传出的消息是很多的，其中良莠不齐，不乏别有用心者造的假信息或妄加猜测者搞的"空穴来风"。在这两种情况下陷入恐慌，盲目抛售手中股票不啻是一场灾难。在这里强调的是对消息的分析。这个步骤分为两部分：一是核实消息的真实性；二是对消息可能产生的影响加以判断。即使消息是真的，其影响也有暂时的和长久的之分。若只是暂时的影响，我们则没必要做出什么大的反应。

6.不敢输

在充满竞争的股市中没有常胜将军。许多人总是敢赢，不敢输。如何面对输的事实并尽力把损失减到最小，就是我们在投资过程中要注意的问题。

输这个事实，不是不面对就会自动消失的，相反，你越是不敢正视它，后果就会越重。所以我们应当主动出击，当断则断，把无望回升的股票趁早抛掉。大势已去的股票不会因为你一厢情愿的等待而反弹。这种自欺欺人的做法只会招致更大的损失。

居住在上海市浦东区的41岁股民康某，就是因为怕输而丧身"股海"的。他曾瞒着妻子与弟弟合买了107股已涨到顶点的延中股票，可没料到

刚买入的股票就一跌再跌。本来就不曾有输的心理准备的康某惊慌失措，不知该如何是好，直到股票已跌到很低时才和其弟商议后把股票脱手，总共亏损9453.45元。眼见多年的心血付诸东流，家人百般规劝无效，康某一蹶不振，最终悬梁自尽。

怎么样能避免这种情况呢？除了要有良好的心态之外，还要有合理的目标。投资的第一目标应该是什么？有人认为是在股市中赚第一桶金，有人认为是进大户室，还有的人希望在股市中展现才能，实现抱负。但最现实和最恰当的投资第一目标就跟打麻将一样，是别老想着赢，先做到不"点炮"再说，这就是"不要赔钱"。

《孙子兵法》曰："昔之善战者，先为不可胜，以待敌之可胜。不可胜在己，可胜在敌。故善战者，能为不可胜，不能使敌之必可胜。故曰：胜可知，而不可为。"意思是说善于打仗的人，先使自己不可被战胜，以等待战胜敌人的机会。不能被战胜，在于自己；能否战胜敌人，在于敌人那一方。善于打仗的人能够使自己立于不败之地，而不能使敌人一定会被我军战胜。所以说：胜利可以预见，却不能强求。

股市中有很多人喜欢给自己制订投资目标，有的是新股民，进入市场的时间不长，对股市的收益充满不切实际的幻想；另一类是在牛市行情中已经获取了一定利润的投资者，他们会因为暂时取得的成绩而沾沾自喜，并制订出种种好高骛远的盈利目标。

投资目标只是投资者的理想追求，它对实际的投资决策没有多少作用，而且过高的投资目标往往会给投资者带来一定的心理压力，束缚投资水平的正常发挥。特别在股市由"牛市转为熊市"时，死抱着投资目标不放的投资者，将很容易被不断变化的市场所套牢。

证券市场不是一个静态的市场，影响市场的因素中，有确定性因素，也有大量的不确定性因素，而且各种因素又是瞬息万变的。任何人都不可能完全洞察影响股市的所有因素及其未来的演变状况，因此，事前制订静态的

盈利目标，是不切实际的。而强制要求自己必须达到目标，更是不理性的。

解决这个问题并无任何捷径，只有靠你自己在实践中摸索对风险的承受力，不要超出这个界限。连索罗斯都在自己的自传中对自己应该承受多少风险感到迷茫，更何况我们。

然而什么是你对风险的承受力呢？把"保本"这个概念牢牢地记在心里，时间一久，你就知道该怎样做了。

保本的办法只有两个：一是快速止损，二是别一次下注太多。

炒过股票的朋友都有这样的经历：亏小钱时割点肉容易，亏大钱时割肉就十分困难。这是人性的自然反应。在一项投资上亏太多钱的话，对你的自信心会有极大的打击。如果你有一定的炒股经历，必然同时拥有赚钱和亏钱的经验。

在炒股这一行，没有什么是百分之百的。如果第一手进货太多，一旦股票下跌，噩梦就开始了。那么我们该怎么办呢？

具体的做法就是分层下注。如果你预备买1000股某只股票，第一手别买1000股，先买200股试试，看看股价的变动是否符合你的预想，然后再决定下一步怎么做。如果不对，尽快止损。如果一切正常，再进400股，结果又理想的话，买足1000股。由于股价的变动没有定规，你不入场就不可能赚钱，而入场就有可能亏钱，所以判断要承担多少风险便成为每个投资者头痛的事。

面对风云变幻、风险莫测的股市，炒股需要理智；但面对充满机遇和挑战的股市，炒股又需要激情。在股市中，常有这样两类股民：一类是时时处处谨小慎微，只拿一小部分资金进行操作，既不敢追涨，也不愿杀跌，这类股民虽然具有较强的风险意识，但绝非成熟的股民，他们对行情的变化无动于衷，其结果往往是错过了一次又一次的市场机会；另一类则不知风险为何物，他们紧跟市场热点，与庄共舞，频繁进出，其结果往往是"不成功，则成仁"，要么获得巨大收益，要么被深度套牢。这两类股

民都不可能成为成功者。"激情加理智,方成赢家。"炒股该追涨的就要敢于追高,该杀跌的时候要敢于杀跌,该满仓的时候大胆满仓,该清仓时须果断清仓。

总而言之,千金难买好心态,好的心态定能赢回千金。如果你没有准备好,没有风险意识,没有心理承受能力,就不要盲目地进入股市。

第三节 读懂股票术语

1. 股票代码

沪市A股股票的代码是以600或601打头,其B股的代码是以900打头。深市A股股票的代码是以000打头,其B股的代码是以200打头。

2. 报价单位

A股申报价格最小变动单位为0.01元人民币。沪市B股申报价格最小变动单位为0.001美元,深市B股申报价格最小变动单位为0.01港元。

3. 涨跌停板

为防止证券市场的价格发生暴涨、暴跌现象,1996年12月16日起,沪深证券交易所根据需要,规定股票买卖每日市价的最高涨幅(或跌幅)为上一交易日收盘价的10%。如果当天股价达到了上限或下限时,不得再有涨跌,术语称为"停板"。当天市价的最高上限称为"涨停板",最低下限称为"跌停板"。

4. 新股上市与涨跌停板

新股上市当天价格涨幅上限为发行价格×(1+1000%),下限为发行价×(1-50%)。但第二天则要遵循涨跌停板规则。

5. 新股上市的限价规定

新股上市当天价格在委托时,要遵守一些规则。如深市规定:新股首

日上市集合竞价范围为其发行价的上下150元，连续竞价的有效竞价范围是最近成交价的上下15元。

6. 一手

一手就是100股。股票买卖原则上应以一手为整数倍进行。如买100股、5200股等。

7. 现手

现手就是当前成交的手数。如某股票开盘就成交了5000股，即现手为50手。

8. T＋1

T是英文Trade（交易的意思）的第一个字母。目前沪深两所规定，当天买进的股票只能在第二天卖出，而当天卖出的股票确认成交后，返回的资金当天就可以买进股票。此交易规则简称为T＋1。

9. 集合竞价

每天交易开始前，即9：15—9：25，沪深证交所开始接受股民有效的买卖指令，涨跌幅必须按规定填单，否则主机不接受。下午开盘没有集合竞价。集合竞价不适用范围：新股申购、配股、债券。

10. 连续竞价

集合竞价主要产生了开盘价，接着股市进入连续买卖阶段，因此有了连续竞价。集合竞价中没有成交的买卖指令继续有效，自动进入连续竞价等待合适的价位成交。而全国各地的股民此时还在连续不断地将各种有效买卖指令输入沪深证交所计算机主机，沪深证交所计算机主机也在连续不断地将全国各地股民的各种有效买卖指令进行连续竞价撮合成交，而无效的买卖指令主机不接受。

11. 股东

合法购买了某公司的股份，您就是该公司的股东。按其股份，您承担相应的责任、义务、权利、利益、风险等。

12. 股民

股民是一种俗称，指经常活跃在股市进行买卖股票的群体。有一种说法是"炒股炒成了股东"，意思是某股民买了股票后被套，由此停止了频繁的交易，由"股民"变为"股东"。

13. 绩优股

绩优股一般指公司业绩优良的股票，通常以每股收益和净资产收益率连续几年处于领先的地位确定，如大家熟悉的苏宁电器、贵州茅台等。

14. 垃圾股

垃圾股一般指公司业绩很差的股票，通常以每股收益和净资产收益率连续几年处于负值的情况确定。

15. 蓝筹股

西方赌场中有3种颜色的筹码，蓝色、红色、白色。蓝色筹码代表的价值最高。套用在股市上，蓝筹股就是指公司业绩优良，在行业内和股市中占有重要地位的股票。目前我国缺少真正意义上的蓝筹股。

16. 国有股

国有股指由国家和国有法人投资形成的股份。

17. 法人股

法人股指由国有法人和非国有法人投资形成的股份。

18. 公众股

公众股指自然人和法律允许的机构投资者购买公司股票形成的股份。

19. 五无概念股

五无概念股俗称"三无概念"股，指在股本结构中无国家股、法人股、外资股、内部股、转配股。所有股份全部是社会公众股，因此全部可以流通。

20. 大盘股

大盘股的概念没有统一的标准，一般指股本比较大的股票。

21. 小盘股

小盘股的概念没有统一的标准，一般指股本比较小的股票。

22. 次新股

次新股一般指上市不到2年的股票。

23. 黑马股

黑马股一般指股价突飞猛进的股票。

24. 送股

送股是上市公司分红的一种形式，如2005年，通威股份（600438）分红就是采用每10股送5股的办法。

25. 转股

转股是上市公司分红的一种形式，即采取从资本公积金中转增股本的办法分红。如2005年迪马股份（600565）分红就是每10股转增10股的办法。

26. 配股

如果说送股和转股股民不用掏钱的话，那么配股，股民就要按配股价掏钱了。当然配股价一般比市场价格低。

27. 内部股

采取定向募集方式设立的股份有限公司，其向内部职工定向募集的股份称为内部股。内部股必须在本公司公开发行股票3年后才能上市流通。

28. 板块股

板块股指具备某一共同特征的股票，如同一行业或者同一地域的上市公司的股票，如风电板块股、钢铁板块股等。

29. 建仓

建仓指买入股票，并有了成交结果的行为。如买入深发展1000股的行为可称为建仓。

30. 补仓

补仓指分批买入股票，并有了成交结果的行为。如先买进了深发展1000股，之后再次买进5000股就是补仓。

31. 平仓

平仓一般指买进股票后，股价上涨有盈利后卖出股票，并有了成交结果的行为。如以10元买进了深发展1000股，第三天再以11元卖出1000股，并且顺利成交，此行为称作平仓。

32. 斩仓

斩仓一般指买进股票后，股价下跌造成亏损后卖出股票，并有了成交结果的行为。如第一天以10元买进了深发展1000股，第三天股价下跌，您认为股价还可能继续下跌。于是您当天以9元卖出1000股，并且顺利成交，此行为称作斩仓。

33. 全仓

全仓指买卖股票不分批次，而是一次性建仓或一次性平仓、斩仓并有了成交结果的行为。如一次性买进深发展6000股，或者一次性卖出6000股，并顺利成交。

34. 半仓

半仓指买股票仅用50%的资金建仓，平仓、斩仓卖出股票仅卖掉50%，并顺利成交的状况。如建仓时，用50%的资金买进深发展3000股，而留一半资金等待观望，择机操作。卖出时，仅卖出1500股，另一半股票择机操作。

35. 满仓

满仓指已经用全部的资金买进了股票，账户上没有足够的钱再继续买进股票的状态。

36. 主力庄家

主力庄家指非常有资金实力的和深层背景的炒作股票的人或机构。

37. 多头（多方）

多头指预计股价上升，看好股市前景的投资者。

38. 空头（空方）

空头指预计股价下跌，不看好股市前景的投资者。

39. 多翻空

多翻空指原来预计股价上升，看好股市前景的多头投资者，后来发现股市前景不乐观，于是立即转为空头的行为。

40. 空翻多

空翻多指原来预计股价下跌，看空股市前景的空头投资者，后来发现股市前景乐观，于是立即转为多头的行为。

41. 看多

看多指预计股价上升，看好股市前景。

42. 看空

看空指预计股价下跌，不看好股市前景。

43. 看平

看平指预计股价不涨不跌，对股市进行观望。

44. 轧多

轧多指空头对多头的打击。当多头认为股市会继续上升时，他们的仓位较重。但是，在空头的强大抛压下，一举将股价打下来，让多头损失惨重。

45. 轧空

轧空指多头对空头的打击。当空头认为股市会继续下跌时，他们基本是空仓。但是，当多头实施强大攻击，并一举将股价推升，让空头失去买入机会。

46. 诱多

诱多指主力庄家引诱股民看多，实际上主力庄家已经在悄悄平仓出货。

47. 利多（利好）

利多指有利于多头的各种信息，如管理层鼓励股市上升的政策、经济指标好转的信息、上市公司业绩良好等。

48. 利空

利空指有利于空头的各种信息，如监管股市的政策出台、经济指标恶化的信息、上市公司业绩滑坡等。

49. 多头排列

短期均线上穿中期均线，中期均线上穿长期均线，整个均线系统形成向上发散态势，显示多头的气势，此时均线的排列称为多头排列。

50. 空头排列

短期均线下穿中期均线，中期均线下穿长期均线，整个均线系统形成向下发散态势，显示空头的气势，此时均线的排列称为空头排列。

51. 踏空

一直认为股市会继续下跌而没有建仓，结果股市一路上涨，失去赚钱的机会。这时的状态称为踏空。

52. 跳水

跳水用于比喻股市短期内快速下跌。

53. 牛市

牛市指股市行情波澜壮阔，交易活跃，指数屡创新高的态势。

54. 熊市

熊市指股市行情萎靡不振，交易萎缩，指数一路下跌的态势。

55. 鹿市

鹿市指股市投机气氛浓厚，投机者如同鹿一样，频频炒短线，见利就跑。

56. 跳空高开

跳空高开指开盘价格超过昨日最高价格的现象。

57. 跳空低开

跳空低开指开盘价格低于昨日最低价格的现象。

58. 跳空缺口

跳空缺口指开盘价格超过昨日最高价格，或开盘价格低于昨日最低价格的空间价差。

59. 高开

高开指开盘价超过昨日收盘价，但未超过最高价的现象。

60. 低开

低开指开盘价低于昨日收盘价，但未低于最低价的现象。

61. 套牢

套牢指买入股票后股价下跌，造成账面损失的现象。

62. 解套

解套指买入股票后，股价下跌，暂时造成账面损失，但是以后股价又涨回来的现象。

63. 割肉

割肉指买入股票后，股价下跌，股民亏损，斩仓出局，造成实际损失的现象。

64. 止损

止损指买入股票后，股价下跌，股民亏损，斩仓出局，以防股价进一步下跌造成更大损失的行为。

65. 金叉（黄金交叉）

金叉为技术分析中的术语，指短期移动平均线向上穿过中期移动平均线，或短期、中期移动平均线同时向上穿过长期移动平均线的走势图形。此交叉点是建仓的机会，所以把此交叉称作黄金交叉，简称金叉。

66. 死叉

死叉为技术分析中的术语，指短期移动平均线向下穿过中期移动平均

线，或短期、中期移动平均线同时向下穿过长期移动平均线的走势。此交叉点意味着股价要下跌，应该及时平仓，所以把此交叉走势称作死叉。

67. 盘口

盘口用于描述具体到个股买进、卖出5个挡位的交易信息。

68. 买盘

买盘指买入股票的资金意愿和实际行为。如主力看好深发展，于是大量买入该股，在盘口上显示资金正在介入该股，买盘比较积极。

69. 卖盘

卖盘指卖出股票的资金意愿和实际行为。如主力看淡深发展，于是大量卖出该股，在盘口上显示资金正在退出该股，卖盘比较积极。

70. 平盘

平盘指股价基本上没涨没跌，称作平盘报收。

71. 开盘价

开盘价指股票当天集合竞价成交的价格。

72. 收盘价

收盘价指某种证券在证券交易所一天交易活动结束前最后一笔交易的成交价格。如当日没有成交，则采用最近一次的成交价格作为收盘价，因为收盘价是当日行情的标准，又是下一个交易日开盘价的依据，可据以预测未来证券市场行情；所以投资者分析行情时，一般采用收盘价作为计算依据。

73. K线

用红、绿颜色分别表现股票的开盘价、最高价、最低价、收盘价格状态的图形。

74. 阳线

当日股价收盘价高于开盘价形成阳线，如深发展今天开盘价10元，收盘价10.11元，则今天深发展收为阳线。

75. 阴线

当日股价收盘价低于开盘价形成阴线，如深发展今天开盘价10元，收盘价9.81元，则今天深发展收为阴线。

76. 股票价格指数

股票价格指数是描述股票市场总的价格水平变化的指标。它是选取有代表性的一组股票，把它们的价格进行加权平均，通过一定的计算后得到的。各种指数其样本股的选取和计算方法是不同的。

77. 股票净值

股票净值是公司资本金、资本公积金、资本公益金、法定公积金、任意公积金、未分配盈余等项目的合计，它代表全体股东共同享有的权益，也称净资产。净资产的多少是由股份公司经营状况决定的，股份公司的经营业绩越好，其资产增值越快，股票净值就越高，因此股东所拥有的权益也越多。

78. 市盈率

市盈率反映了一个公司股价与其每股税后利润的关系，其计算公式是该公司股价收盘价与该公司每股税后利润（每股收益）之比。

79. 市净率

市净率指的是每股股价与每股净资产的比率。市净率可用于投资分析，一般来说市净率较低的股票，投资价值较高，相反，则投资价值较低；但在判断投资价值时还要考虑当时的市场环境以及公司经营情况、盈利能力等因素。

第四节　初入市股民如何看盘

盘面反映的信息很多，主要有前收盘价、开盘价、最高价、最低价、

最新价、买入价、卖出价、买盘、卖盘、现手和成交量等。我们不可能全面兼顾，再说，各种信息的重要性也不一样，其中有些信息对我们研判盘面变化不是太重要，因此，看盘时就要关注那些比较重要的信息。

1. 当日大盘走势的重要时刻

开盘价一般受前一日收盘价影响，按照惯性定律继续运行，除非遇到阻力。因此上一日股价以最高位报收，次日开盘往往跳空高开；反之，若前一日股价以最低报收，次日开盘价往往低开，若高开，则说明人气旺盛，抢筹码的心理较多，市势有向好的一面。但如果高开过多，使前日买入者获利丰厚，则容易造成过重的获利回吐压力。如果高开不多或仅一个点左右，则表明人气平静，多、空双方暂无恋战情绪。如果低开，则表明获利回吐心切或亏损割肉者迫不及待，故市势有转坏的可能。

如果在底部突然高开，且幅度较大，常是多空双方力量发生根本性逆转的时候，因此，回档时反而构成进货建仓良机。反之，若在大势已上涨多时发生大幅跳空，常是多方力量最后喷发的象征，表明牛市已走到了尽头，反而构成出货机会。在底部的大幅低开常是空头歇斯底里的一击，反而构成见底的机会；而在顶部的低开则证明人气涣散，皆欲争先逃出，也是市势看弱的表现，其后虽有反弹，但基本上一路下泻。而在大市上升中途或下降中途的高开或低开，一般有继续原有趋势的意味，即上升时高开看好，下跌时低开看淡。

2. 盘后30分钟

开盘后第一个10分钟，多头为了顺利吃到货，开盘后常会迫不及待地抢进，而空头为了完成派发，也会故意拉高，于是造成开盘后的急速冲高，这是强势市场中常见的。而在弱势市场中，多头为了吃到便宜货，会在开盘时即向下砸，而空头胆战心惊，也会不顾一切地抛售，造成开盘后的急速下跌。因此开盘后第一个10分钟的市场表现有助于正确地判断市场性质。

多、空双方之所以重视开盘后的第一个10分钟，是因为此时参与交易的股民人数不多，盘中买、卖量都不是很大，因此用不大的量即可以达到预期的目的。

第二个10分钟则是多空双方进入休整阶段的时间，一般会对原有趋势进行修正，如空方逼得太猛，多头会组织反击，抄底盘会大举介入；如多方攻得太猛，空头也会予以反击，获利盘会积极回吐。因此，这段时间是买入或卖出的一个转折点。

第三个10分钟，因参与交易的人越来越多，买卖盘变得较实在，虚假的成分较少，因此可信度较大，这段时间的走势基本上为全天走向奠定了基础。

为了正确把握走势特点，可以开盘为起点，把第10分钟、第20分钟、第30分钟的价格连成三条线段，我们称为开盘三线，这里面包含有一天的走势信息。

3. 上午10点左右

上午10点左右是庄家抬高股价、准备出货的最佳时机。一般情况下，在上午10点左右就可以预测出当日的大致走势和收盘点位。

通常，庄家拉高出货会选择在上午10点左右这一时间段里。无论大盘还是个股，当日短期的高位经常在上午10点左右出现。如果随成交量放大，股价飙升，一定要小心主力随时出货。此时可用分时图结合成交量和技术指标分析股价走势，当短线指标背离时应该果断出货。

4. 中午收市前与下午开市后

中午收市前的走势也是多、空双方必争的。因为中午停市这段时间，投资者有了充裕的时间检讨前市走向，研判后市发展，并较冷静或较冲动地做出自己的投资决策。因此主力、大户常利用收市前的时机做出有利于自己的走势，引诱广大中小散户上当。一般来说，收市前与开市后的走势应综合起来看，而不能孤立对待。如果上午高收，下午可能高开高走；如果上午低收，下午可能低开低走。另外，上午停牌的股票，尤其是指标股、热门股停牌后，下午开盘的走势会明显影响股价的总体走势或投资者的心态，投资者要结合公开信息对此做出判断，做好做多或做空的准备。

5. 下午2点30分

下午2点30分一般是多、空双方中占优势的一方开始发动攻击的时间，大盘在这段时间里开始朝最后收盘的方向运动。许多主力、庄家往往选择在临近2点30分的时候发威，使大盘或个股随自己的操盘意图变化。这样，主力、庄家既可以维持股价和技术指标的走向，也可以节约控盘成本。

一般而言，大盘或个股最后半小时走强，反映主力庄家想推升指数或股价，第二日继续上升居多；大盘或个股最后半小时走弱，反映主力庄家想打压指数或股价，第二日继续下跌居多。因此，有经验的投资者往往根据这一现象决定他们的买卖行动，顺势操作效果一般都不错。

6. 收盘前的异动

收市前的几分钟时间其实已经不可能允许投资者从容决策，因此投资者此时应谨慎为好，多观察，少出手，发现异常情况，留到次日及早入市操作。如果临收盘前出现异动，常常是庄家在做盘。如果庄家明日要出货，他们就可能在尾市最后几分钟急速拉高，"画"一个漂亮的收盘图形，采取诱多的手法，以便第二日交易时把不知底细的追高者一网打尽。故投资者在第二日买进时要格外小心，当心别落入庄家的圈套。反之，如果庄家要吸货，他们有时就会在尾市几分钟来个快速跳水，"画"一个难看的收盘图形，采取诱空的办法，以便第二日交易时把不明真相的投资者低位抛出的股票照单全收，以此来降低他们的建仓成本。故投资者在第二日卖出时要多长一个心眼，别轻易把筹码抛出，以免中了庄家的计。

7. 关注买盘与卖盘

买卖双方的出价与数量构成盘口。市场投资者能够直接看到的是买五和卖五的买卖委托以及内盘、外盘、委比、量比等，这几项都是表示目前

盘中多、空力量对比的指标。

如果即时的成交价是以委卖价成交的，说明买方即多方愿以卖方的报价成交，委卖价成交的量越多，说明市场中的买气，即多头气氛越浓。以委卖价实现的成交量称为外盘，也称主动买盘。以委买价实现的成交量称为内盘，也称主动卖盘。

可见，当外盘大于内盘时，反映了场中买盘承接力量强劲，走势向好；内盘大于外盘时，则反映场内卖盘汹涌，买盘难以抵挡，走势偏弱。由于内盘、外盘显示的是开市后至现时以委卖价和委买价各自成交的累计量，所以对我们判断目前的走势强弱有益。如果委卖价与委买价价格相差很大，说明追高意愿不强，惜信心理较强，多空双方处于僵持的状态。

8. 关注开盘后股票涨跌停板情况

开盘后涨跌停板的情况会对大盘产生直接的影响。在实行涨跌停板制度后，可以发现涨跌停板的股票会对其他股票起到向上或者向下拉动的影响作用。比如说大盘开盘后即有5只以上的股票进入涨停板，在其做多示范效应影响下，大盘将会有走强的趋势。反之，当天若有多只股票打入跌停，则开盘后易受到空方的打压。

9. 关注阻力与支撑情况

阻力越大，股价上行越困难；而支撑越强，股价越跌不下去。对支撑与阻力的把握有助于对大市和个股的研判，如当指数或股价冲过阻力区时，则表示市道或股价走势甚强，可买进或卖出；当指数或股价跌破支撑区时，表示市道或股价走势很弱，可以卖出或不买进。

10. 关注股价现在所处的位置

我们看股价时，不仅要看现在的价格，还要看昨日收盘价以及今日开盘价、最高价和最低价、涨跌的幅度等，另外还要看它是在上升还是在下降之中。一般来说，下降之中的股票不要急于购买，而要等它止跌以后再买。上升之中的股票可以买，但要小心被它套住。一天之内股票往往要有

几次升降的波动，你可以看自己所要买的股票是否和大盘的走势一致，如果是的话，那么最好的办法就是盯住大盘，在股价上升到顶点时卖出，在股价下降到低点时买入。

这样做虽然不能保证你买卖完全正确，但至少可以卖到一个相对的高价和买到一个相对的低价，而不会买一个最高价和卖一个最低价。

11. 关注现手和总手数

现手说明计算机中刚刚成交的一次成交量的大小。如果连续出现大量成交，说明有很多人在买卖该股，成交活跃，值得注意。而如果半天也没人买，则不大可能成为好股。现手累计数就是总手数，总手数也叫作成交量，有时总手数是比股价更为重要的指标。总手数与流通股数的比值称为换手率，换手率高，说明该股买卖的人多，容易上涨。但是如果不是刚上市的新股，却出现特大换手率，则常常在第二天就会下跌，所以最好不要买入。

第五节　炒股须知之k线入门

K线图源于日本，是当时日本米市的商人用来记录米市的行情与价格波动的符号，后被引入股市及期货市场。由于用这种方法绘制出来的图形颇似一根根蜡烛，加上这些蜡烛有黑白之分，因而K线图也叫阴阳线图。

K线图形如图1所示。假如当日或某一周期的收市价较开市价为高（即低开高收），便以红色来表示，或是在柱体上留白，这种柱体就称为"阳线"。如果当日或某一周期的收市价较开市

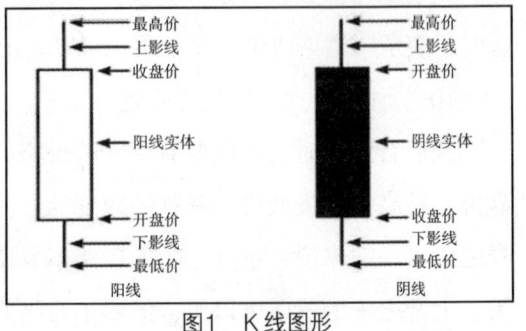

图1　K线图形

价为低（即高开低收），可以以蓝色表示，或是在柱上涂黑色，这种柱体就是"阴线"。

简单的K线分析可以从单根线的分析开始（图2）。

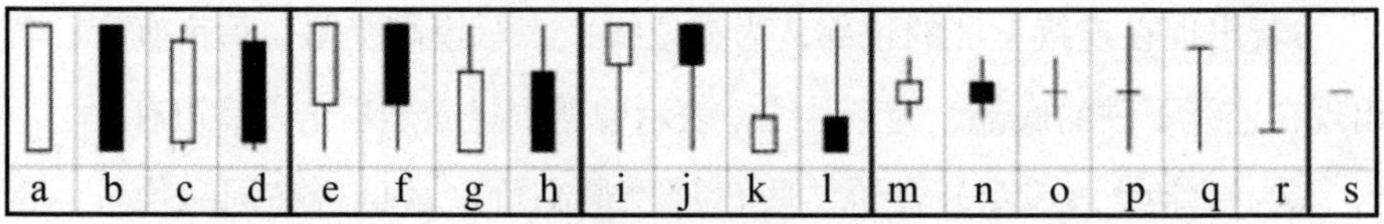

图2　K线分析

如图2所示，图中：

a为光头光脚阳线，表示强势上涨，后市看多。

b为光头光脚阴线，表示强势下跌，后市看空。

c为大阳线，表示强势上涨，后市看多。

d为大阴线，表示强势下跌，后市看空。

e为光头阳线，表示较强势上涨，影线代表空方开始反击，需要注意。

f为光头阴线，表示较强势下跌，影线代表多方开始反击，需要注意。

g为光脚阳线，表示较强势上涨，影线代表遇到空方反击，需要注意。

h为光脚阴线，表示较强势下跌，影线代表遇到多方反击，需要注意。

i和j若出现在连续上涨的顶部，为上吊线，表示曾遇到过激烈反击，后市有变；若出现在连续下跌的底部，为锤子线，表示曾遇到过激烈反击，后市有变。

k和l若出现在连续上涨的顶部，为流星线，相比过去，摸高受阻，后市有变；若出现在连续下跌的底部，为倒锤子线，相比过去，曾经大涨，后市有变。

m、n和o分别为小阳线、小阴线、十字线，出现这些K线时，一般不能确定后市，但在连续上涨后出现，说明涨势停顿，后市有变；在连续下跌后出现，说明跌势停顿，后市有变。

p为长十字线，和十字线的意义一样，但疲软的性质和僵持的意义更强烈。

　　q若出现在连续上涨的顶部，为风筝线，表示曾遇到过激烈反击，后市有变；若出现在连续下跌的底部，为多胜线，表示曾遇到过激烈反击，后市有变。

　　r若出现在连续上涨的顶部，为灵位线，表示摸高受阻，后市有变；若出现在连续下跌的底部，为空胜线，表示曾遇到过激烈反击，后市有变。

　　s为一字线，表示开盘价、收盘价、最高价、最低价在同一价位，常出现于股市中的涨（跌）停板处，或交易冷清时的分时图中。

　　K线图经过一段时间的运行后，将形成一些形态，这些形态可分为反转形态和持续形态。反转形态出现在价格连续运动后的阶段性顶部或底部，当该形态出现后，后市往往出现反转的变化；持续形态则出现在价格连续的运动中，当该形态出现后，价格还是会继续原来的发展方向。

　　下面列举一些常见的反转形态。

　　（1）乌云盖顶

　　经过了一段时期的上涨后，人们预料后市应有调整，于是在某日出现了一根中阴线，并且该阴线一举向下突破了前一天中阳线的一半以下，形成有力的攻击，使人们担忧后市空方的继续攻势。如图3所示，灰色部分就是典型的"乌云盖顶"形态。

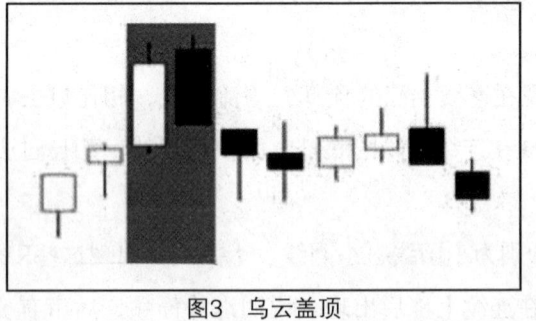

图3　乌云盖顶

　　（2）刺透形态

　　如图4所示，该形态同乌云盖顶相反，但如果中阳线没有插到前一日

中阴线的一半位置，则刺透形态不成立，毕竟向下溃败很容易。

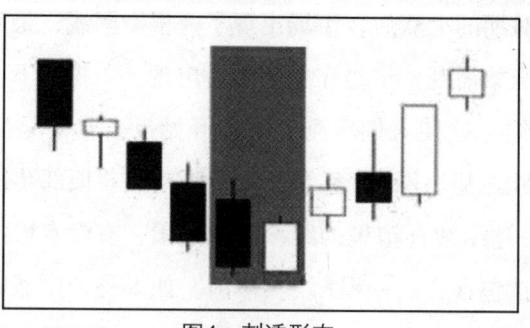

图4　刺透形态

（3）看跌吞没

经过一段时期的上涨后，市场突然出现了一根中阴线，如图5所示，它将前一日的阳线全部吞没，给人们以巨大的反差，使人们意识到空方的咄咄攻势。于是，出于获利了结的考虑，后市开始进入盘整或溃退时期。

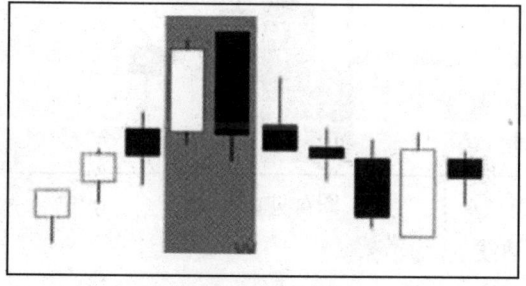

图5　看跌吞没

（4）看涨吞没

如图6所示，看涨吞没的含义与看跌吞没相反。

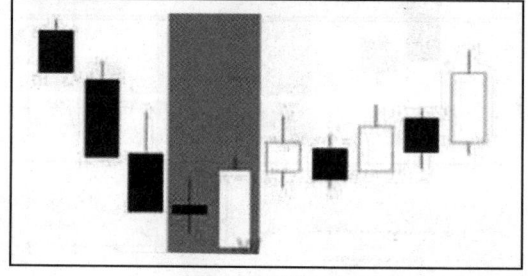

图6　看涨吞没

（5）顶部孕线

经过一段时期的上涨后，市场出现了一根中阳线，最后的猛然上涨，使获利回吐盘开始涌现，于是在中阳线后出现了一根上下实体没有超过中阳线范围的阴线，这使人们看到了空方开始反击，于是后续抛盘接连出现，导致了慢跌之势。图7灰色部分就是典型的"顶部孕线"形态，这根被"孕"在前一根K线怀抱里的线，是阴是阳、有没有影线都不重要，重要的是它是否被包含在前一根K线实体内。如果是，则意味原来上涨的势头开始低头了，只愿向下而不愿向上。此外，要注意被"孕"的线是收在母线的中上方还是中下方，如果是收在中上方，则说明空头下跌势头不强烈，但上涨势头不及过去明显，后市有可能横向整理。

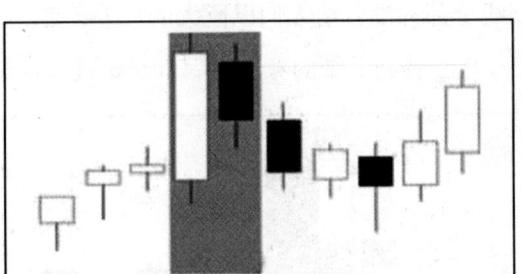

图7　顶部孕线

（6）底部孕线

如图8所示，底部孕线的含义同顶部孕线相反。

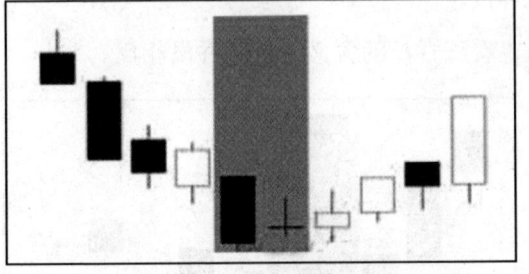

图8　底部孕线

（7）平顶

如图9所示在连续上涨之后，市场向上摸了一下顶，被打出了一根上影线，随后多方又尝试摸那个新高，结果又被打了回来，甚至还收了根小阴线。这意味着在新高处的抛售压力较大，两次"摸高"受挫，使后市不容乐观。注意，平顶的K线不一定是要相邻的，可以由相隔较近的K线来组成，它的意义在于为市场能否突破近期的新高提供参考依据。

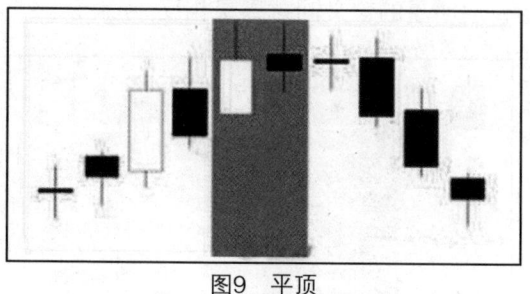

图9　平顶

（8）平底

如图10所示，平底的含义同平顶相反。

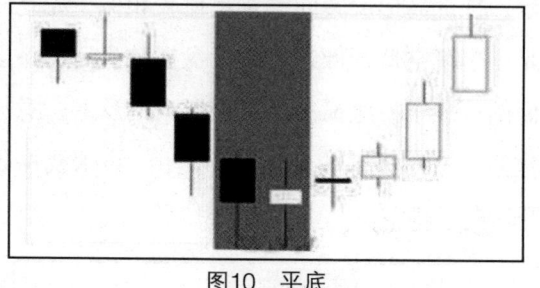

图10　平底

（9）黄昏星

经过一段时期的上涨后，股价有了调整的需求；于是，股价在某日跳空冲高后遭到大量抛盘，被打压成一根带有影线的星线，后市令人担忧。如图11所示，图中灰色部分就是典型的"黄昏星"形态，意味着黑暗即将来临。

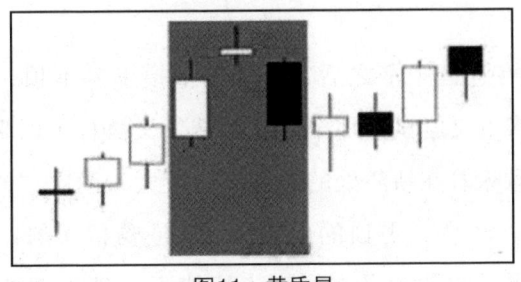

图11　黄昏星

（10）启明星

如图12所示，启明星的含义同黄昏星相反。

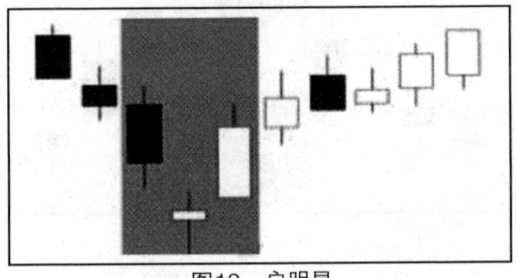

图12　启明星

（11）顶部岛形反转

如图13所示，顶部岛形反转同黄昏星比较相似，先是一个跳空高开收星线，紧接着是一个跳空低开低走（或者盘横数日后再跳空低开低走），两个跳空使上面的星成了一座孤岛，形成巨大的反差，意味着行情突转，后市不看好。注意，有时顶部的形成并不是由一根K线构成，往往是在盘横了几日后才开始向下跳空。

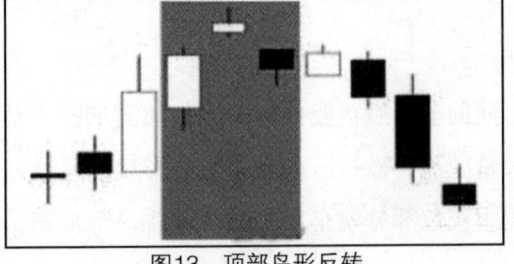

图13　顶部岛形反转

（12）底部岛形反转

如图14所示，底部岛形反转同启明星比较相似，其含义与顶部岛形反转相反。

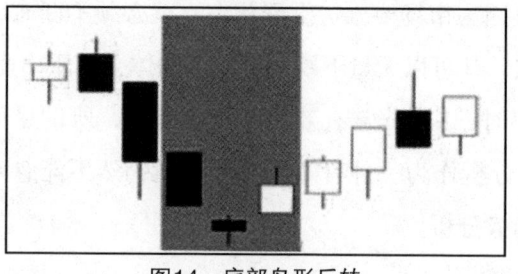

图14　底部岛形反转

（13）三只乌鸦

当市场上升到某一阶段时，少部分人群开始获利了结，于是出现了小阴线。而后落袋为安的人越来越多，于是出现了三连阴，即"三只乌鸦"。它的出现，意味着趋势上升缓慢，而空头开始步步紧逼，如图15所示。

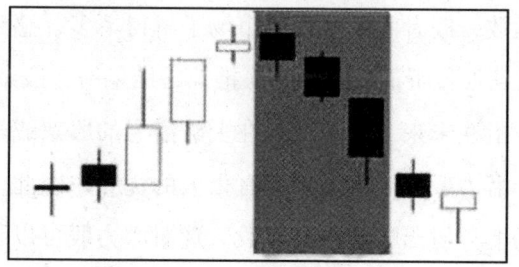

图15　三只乌鸦

（14）白色三兵

如图16所示，白色三兵的含义与三只乌鸦相反。

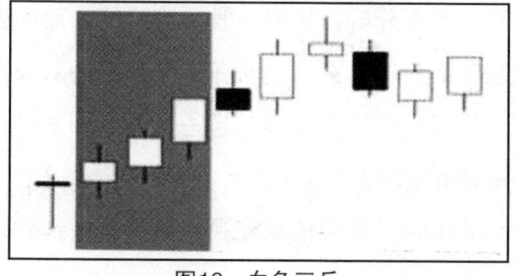

图16　白色三兵

以上是14个典型的反转形态，需要注意的是，在反转形态中，顶部反转的准确程度比底部反转的要高，这是因为恐惧比贪婪更能影响人心，从而造成市场价格剧烈波动。此外，形成顶部的时候，往往会出现上涨难而下跌快的情形。因为市场要维持上涨状态，就必须不断有新买家入场；而市场如果要下跌，却可以无量下跌，形同于物体会因重力而加速下行。

在分析股票时，K线非常有效，却并非万能，所谓尽信书不如无书，大家可以把K线分析作为一种有效的参考，但仍然不能忽略了股票的基本面分析、大盘趋势分析。

第六节　学会挑选赚钱的好股票

对于股票投资者来说，选股是一个非常重要的问题。有好多投资者选股的时候心中无数，或者由于对股票市场了解得不多，感到能力不足，于是到处听股评，到处打听消息，让别人推荐，结果所买股票往往是亏损。

潜力股就是指在未来一段时期存在上涨潜力的股票或具有潜在投资价值的股票。由于潜力股在后市发展上有很大的优势，因此，我们要学会在复杂的股票市场上分辨出哪些是潜力股。选对潜力股可以起到事半功倍的效果，而选股的方法就是股票投资分析方法。

股票投资分析方法非常多，总体上可以分为两大类：一类是基本面分析法，另一类是技术分析法。这里先介绍基本面分析法。

之所以要进行基本面分析，是因为股票价格的波动受多种因素影响，例如股市以外的经济及其他因素的波动和变化，都会对股票价格变化趋势产生决定性影响，所以股票投资必须对这些基本面因素进行分析、研究，这样才能正确把握股市变动方向。

在进行基本面分析时，通常按从宏观到微观、由远到近的步骤进行。

道理很简单，个人投资者往往会因为对某只股票信息了解不充分、分析工具不健全、分析能力有限等因素难以展开操作，而借助于宏观经济形势进行分析则比较容易确定股市整体投资价值。

1. 要看行业周期

选择股票，要先对整个国民经济做判断，然后对行业的基本属性进行判断。这主要是判断所投资的股票所属的行业是处在上升周期还是下降周期，是朝阳产业还是夕阳产业。选择股票，要先判断公司处于哪个阶段，不在好的行业周期内，再优秀的企业家去经营也没有用。

2. 要看企业的竞争优势

（1）垄断优势

按照经济学上的"垄断"的含义，是指单一的出卖人或少数几个出卖人控制着某一个行业的生产或销售。通俗地说，就是独家生意。例如美国微软公司推出的Windows操作系统，就是独家生意。当然，垄断除了独家生意以外，还有一种叫寡头垄断，我们在市场上经常能发现，80%的市场和利润被两至三家最大的生产组织所拥有。例如，世界碳酸饮料市场基本上被可口可乐和百事可乐所垄断。投资者选择这种具有垄断优势企业的股票，赚钱的可能性就非常大。

（2）资源优势

资源就是与人类社会发展有关的、能被利用来产生使用价值并影响劳动生产率的诸要素。资源的关键在于稀缺，按照稀缺的程度可以分成不同的等级。比如离开了茅台镇就生产不了茅台酒，那么茅台酒厂资源优势就具有独占性质。这种拥有资源优势的企业股票就是很好的股票。

（3）品牌优势

有品牌的企业很多，有了品牌并不等于有了独一无二的优势。品牌优势的独一无二简单地说就是要强大，强大到行业第一。茅台号称国酒，同仁堂号称国药，耐克公司作为世界最好的体育用品公司和运动产品的标志，已深为全世界特别是年轻一代消费者所喜爱。这种优势也是巴菲特的最爱，他称为消费独占。这种品牌优势会给企业带来巨额的利润。

（4）政策优势

政策优势主要是指政府为加强相关产业的战略位置，制定有利于行业发展的政策与法规，使相关产业形成某种具有限制意义的优势。例如云南白药、片仔癀、马应龙三个公司的产品被列为国家一类中药保护品种，在很长时间内别人都不能生产，也不能叫这个名字。

3. 要看股价的高低

股价是选择股票的重要依据。如果一个企业经营得非常好，但是它的股价已经被炒得很高了，这就需要投资者等待，等到股价降到合理的价位再买。那么，投资者如何判断股价的高低呢？最简单的方法就是看它的市盈率。股票的市盈率越低越好，一般只要不超过市场的平均市盈率就行。但是，判断股价的高低也不能简单地光看市盈率，投资者在市盈率的基础上，还要从产业资本的角度去看待价值，有资源、有潜力的股票能给投资者带来超额收益。

4. 选择熟悉的股票

在我们的生活、工作中有一条经验：对自己熟悉的事情，做起来就会得心应手，效率也会很高；而对于自己陌生的事情，做起来则要难办得多，往往还会以失败而告终，而且中间还伴随着种种坎坷。这条经验在股票市场上也非常适用。

那些投资大师，如彼得·林奇、沃伦·巴菲特等都坚持做自己熟悉的股票。彼得·林奇认为，购买自己不熟悉甚至一无所知的企业股票是非常危险的。他的投资理念是，最好的选股工具是我们的眼睛、耳朵和常识。这些工具并不是独有的，每个人都具备这样的能力。我们可以通过看电视，阅读报纸杂志，或者收听广播得出第一手分析资料。我们身边就存在各种上市公司提供的产品和服务，如果这些产品和服务能够吸引你，那么提供它们的上市公司也会进入你的视野。对于大多数没有行业背景的个人投资者而言，

最容易熟悉的股票就是那些消费类或与之相关的上市公司股票。

股神巴菲特秉持"不熟不做"的投资理念，长期持有8家公司的股票——可口可乐公司、吉列公司、美国运通公司、富国银行、联邦住宅贷款抵押公司、迪斯尼公司、麦当劳公司、华盛顿邮报。从中可以发现，几乎每家都是家喻户晓的全球著名企业，而且持有的时间都很长。巴菲特幼年曾经卖过报纸，对报纸及其所属的新闻领域比较熟悉，所以，他就投资了华盛顿邮报；可口可乐他非常喜欢喝。这种投资自己熟悉的公司股票的做法，使他获得了巨大的成功。相反，网络科技股疯狂上涨的时候，由于他不是很了解，也就没有买入这种股票。结果在网络科技泡沫破裂的时候，他悠闲地在一旁观看。

5. 根据一定的分析方法来选股

另外一种股票投资分析方法就是技术分析法，技术分析法是相对于基本面分析而言的。技术分析法是通过各种图表和技术指标的记录，以及股市过去和现在的行为反应来推测将来的具体走势和表现。不难看出，技术分析法的主要依据是股价、成交量、涨跌指数等数据，而不考虑其他宏观经济、政治等外部因素的影响。

技术分析法的理论基础是"空中楼阁理论"。这种理论认为，股票价格的变动是心理构造出来的空中楼阁。股票价格的高低并不重要，关键是当投资者用某个价格买入某种股票时，要相信将来会以更高的价格卖给别人。投资者要在股票达到"最高点"前将其卖出。根据这一理论，派生出了技术分析理论体系。技术分析理论体系有太多的方法，大家可以先了解一下，再选择适合自己的方法来选股票。

（1）道氏股票波动理论

这种理论认为股票价格运动有三种趋势，分别是基本趋势、次级趋势、短期趋势，最该重视的是基本趋势。

（2）波浪理论

这种理论认为股价波动和海洋波浪一样，一波接着一波，非常有规

律。它完全依靠观察股市指数、价格走势来判断未来发展方向，是目前全球技术分析中运用最多，也最难掌握的一种分析工具。

（3）股市发展阶段和成长周期理论

这种理论认为证券市场的发展一般会经过休眠期、操纵期、投资期、崩溃期、成熟期五个阶段，并且会进入大波段的周期性循环，分为低迷期、初升期、回档期、主升期、末升期、初跌期、逃命期、反弹期、主跌期、末跌期十个阶段。

（4）信心股价理论

这种理论认为股票市场的涨跌是由心理因素和信心因素决定的，只要投资者对股市有信心，股价就会上升。

（5）股票价值理论

这种理论认为从长期来看，股票价格的变化主要是由股票这种财产价值（股息）的变化决定的。

（6）亚当理论

这种理论认为股票价格的变动是由市场供需关系决定的，并不与公司业绩产生必然联系。

（7）随机漫步理论

这种理论认为股票价格虽然围绕其内在价值波动，但这种波动由于受多种因素的影响，所以是随机且没有规律的。

（8）相反理论

这种理论认为当95%的人看涨股市时，你应该看跌；当95%的人看跌股市时，你应该看涨。这样反向操作，你就能获利。

（9）黄金分割率理论

这种理论认为以最近股价中出现的重要高点和低点为依据，在继续涨跌到黄金分割点（0.618）时会发生逆转。

第六章

基金投资：让你最为省心的投资渠道

第一节　挑选、配置基金的技巧

基金有如此多的种类，即使是同类基金也会有不同的经营者，不同的投资理念，不同的投资对象。那么，投资者又该如何挑选配置基金呢？

一般说来，基金理财不会带来一夜暴富。对于大多数人来说，应更加从长期增值、抵御风险、维持和改善未来的生活水平着眼，达成多年后养老、子女教育等长期财务目标，因此应进行合理的基金理财，有平和的心态。

第一，要根据自己现在的经济状况选择大类基金，把资产依比例投资到主要的三大类基金产品：货币基金、股票基金、债券基金上（实际上是替代所对应的大类金融性资产，即货币、股票与债券），以达成目标投资报酬率，降低投资风险，并保持适当的流动性。

人们的风险承受能力一般随着年龄的增长而逐步降低，这样就需要及时调整激进型和稳定型投资的比例。对于55岁以内的工薪族来说，100减自己的年龄，是投资股票基金的参考比例，其余资金可投资货币基金或债券基金；对于55岁以上、接近或已经退休的年长人士，不妨以货币基金、债券基金为主进行投资，投资股票基金的比例最好不要长期超过20%，因为这时候已经是安度晚年的时候，没必要再冒如此大的风险。

在此基础上，个人可根据家庭负担、收支、性格等具体情况，调整自己的基金组合比例。如短期支出较多，家庭负担较重，性格非常谨慎、难以承受压力的人，可适当增大债券基金、超短债基金、货币市场基金的投资比例，以降低风险，增强变现安全性；反之，闲置资金持有时间长的，家庭负担轻的或收入高的，可适当增大股票基金的投资比例，以追求长期

增值。

第二，在各大类别内挑选具体基金时，要把握几个原则：一是要选择品牌基金公司，因为一般说来，这类投研团队人员充足，经过长期磨合，经验丰富，比较忠诚稳定，并有严谨的流程保证，有利于创造长期稳定、良好的业绩；二是优选品牌基金经理，因为过往基金的长期良好业绩记录，常能体现出稳定优良的投资运作能力；三是选择适当的细分产品，例如选择股票基金时，可适当搭配指数型股票基金，如果利用定期定额长期投资指数型股票基金，均摊成本的效果也更明显。

在对大类基金产品进行区分时，有一个简单而又至关重要的指标值得投资者重视。这就是基金的"业绩比较基准"，即所谓的"benchmark"。"业绩比较基准"就是一个标杆，基金产品的风险与收益是与其对应的，通过业绩比较基准，既可以简单识别该基金的收益与风险，又可以通过业绩比较基准与基金实际投资业绩的比较，对这只基金的管理绩效进行判断。

接下来就是选择投资方式了。投资基金既可单笔申购，也可每月定期投资固定金额。后者即为定期定额法，通过银行自动扣款系统，由投资者决定定时从银行账户扣除一个固定的金额（定额）到指定的基金上。单笔投资法通常一次性投资金额较大，在多头（上升）市场较易获利，投资时间不固定，可长可短，视预期利润或目标收益率而定；定期定额法适用于长期投资，每次投资金额较少、数量固定，在上升市场、下跌市场以及景气循环周期内均可以使用。

两种方法的优劣，是由投资者的自身情况决定的。另外，投资者还应了解一些基金投资中的基本操作知识或技巧，因为不同的交易方式之间交易成本有差别。例如，网上交易大多省钱省时，交易既可通过基金公司网站，也可通过代销机构如银行或券商等机构的网站进行。

最后要留意的一点其实是老生常谈，很多投资都必须得遵循这一条规则，那就是时间为王，要耐得住寂寞，长期持有才是正确的基金投资之

道。撇除那些泡沫崩溃的时期，经济整体走势都是波动向上的。某日股市下挫严重、震荡剧烈，但放在一个月的趋势线来看的话可能只是小小浪花，放在十年的趋势线来看的话基本就找不到踪影了。

美国的"基民"持有共同基金的时间非常长。据统计数据表明，70%的持有人首次买基金的时间是在1995年前，93%的持有人在首次购买后仍继续持有，虽然持有的基金可能已不是当初的那只，69%的基民持有共同基金的时间在5年以上。

以美国S&P500指数为例，如投资期为1年，则出现亏损的概率为80%，如投资期为10年，则不会出现亏损。我国的"基民"如果投资期也是1年，且恰巧选择了2003年或2004年，则是亏损的，但如果投资期是5年，则非但不会亏损，还会稳获134.25%的收益。

可以长期投资的资金，应进行基金的长期投资，不进行波段操作。不要天天关心基金净值的涨跌，最多每个月或每季度看一次。半年或一年判断一下自己投资的是不是好基金就够了。要记住这样一句话："十年以后，大盘线肯定在楼顶上。"

第二节　申购与赎回基金的时间

股票投资讲究"选股""择时"，基金投资也一样，虽然基金投资倡导的是长期投资。从这个角度来看，短期市场的震荡只不过是长期趋势线的很小变动而已。但研究显示，每次都在市场最高点买进与每次都在最低点买进，从长期来看，两者的回报率会相差10%。不仅如此，如果单笔投资能稍微判断一下进场的时机，至少可以少受短期套牢的煎熬，心里也会好受不少。

什么时候是进入基金市场的最佳时间呢？有几个原则可以了解并且把握一下。

首先，最重要的是经济基本面的判断。基金是适合长线保有的投资方式。这种投资方式忽视只有短期效应的信息，而更趋向对经济基本面的判断，经济周期理论的意义就在于此。

经济周期理论，简单来说就是一个泡泡从无至有直到破裂的循环。一个经济周期包括衰退、复苏、扩张、过热等几个阶段。一般来说，在经济周期衰退至谷底，到逐渐复苏，再到有所扩张的阶段，投资股票型基金最为合适。当明确经济处于景气的谷底阶段时，应该提高债券基金、货币基金等低风险基金的比重；如果经济处于复苏阶段，应加大股票型基金的投资比重。当经济发展速度逐渐下降时，要逐步获利了结，转换成稳健收益类的基金产品。

其次，关注商家各种各样的优惠活动，不省白不省。我国基金行业尚处于起步阶段，各家基金公司为了争夺潜在客户，在首发募集或者持续营销活动期间，通常会举办一些购买优惠活动。值得注意的是，在持续营销活动中，基金公司一般会选择业绩优良的基金，投资这些基金通常比较安全，加上还能享受费率优惠，何乐而不为呢？

最后，眼睛不要只盯着新基金，而忽略了运作成熟、投资风格独特、获利平稳的老基金。投资基金时，人们通常觉得净值低的基金较容易上涨，净值高的基金不易获利，所以，基金在募集阶段面值为1元时，会觉得很便宜，比较好卖。这完全是一种错觉，净值的高低与是否容易上涨没有直接关系。基金与股票在这方面是完全不同的，股票在价格很高时很容易回调，因为股价的上涨依赖于公司盈利能力的增强，如果公司盈利能力跟不上股价的上涨速度，股价必然会下跌。而基金投资是很多只股票的集合，基金经理会随时根据个股股价的合理性、公司经营的竞争力、其所在行业的景气程度和市场变化来调整投资组合，随时可以选择更具潜力的股票替换原有的股票。因此，只要基金投资组合调整得当，净值可以无限上涨。

说完了买基金的原则，接下来说一下由专家总结的卖基金的五大原

则，相信对大家做一个赚钱的"基民"会有不小的帮助。

1. 剔除赎回成本

基金不但在认购、申购时需要付手续费，而且在基金赎回时同样需要付手续费。目前，基民在赎回股票基金时一般要支付0.5%左右的赎回费，而在再投资时通常又要支付0.8%～1.5%不等的申购费用，一来一去2%左右的盈利就丢失了，所以在基金净值处于亏损时赎回，损失的幅度就更大了。

2. 关注基金近期业绩

基金投资策略、基金规模、分红方式、费率结构等重大变化都对基金的"基本面"变数有影响。因此，投资者要时常关注一下自己基金近期的"基本面"是否发生了变化，比如，每隔一段时间就要观察一下基金的净值变化情况，其中，要重点关注一下基金业绩评价指标中的6个月、1年，乃至2年以上的指标。通过测算，如果投资者发现所持的基金回报率变化波动较大，应果断下单赎回。

3. 灵活变动基金

其实，如果不满意自己持有的基金，不一定非要赎回，选择基金转换或定期定额赎回也是一种不错的思路。要知道，把高风险的基金产品转换成低风险的基金产品，也是一种赎回，比如，把股票型基金转换成货币基金。这样做可以降低成本，转换费一般比赎回费低，而货币基金风险低，相当于现金，收益又比活期利息高。

另外，与定期投资一样，定期定额赎回，可以既做了日常的现金管理，又平抑市场的波动。定期定额赎回是配合定期定额投资的一种赎回方法。

4. 不错过赎回的最佳时点

有经验的投资者都知道基金赎回有一个基本规则，叫作"未知价格原则"。它是指投资者在当天交易日15：00前提交基金赎回申请，即以当天的基金净值作为成交价格；如在交易日15：00后或非交易日提交，则以下一个工作日的基金净值作为成交价格。比如，A股市场每日收盘时间为下

午3时，但往往到下午2：30左右就基本大局已定了，市场是大涨还是大跌一目了然。如果投资者拟在近期要赎回某只基金，最好在近几日下午2：30左右看盘，及时地了解、观察和把握市场行情变化，审时度势后即可发出赎回申请。

5.注意赎回到账时间

投资者发出赎回指令后，该指令就会到达基金公司的数据库。基金公司每天都会把当日基金赎回情况进行汇总，并留出相应的现金以备支付投资人的赎回款项。对于不同的基金品种，基金公司赎回结算的处理时间并不一致，如货币型基金和债券型基金，交易日与结算日的间隔较小，一般是交易日的次日；股票型基金，一般是交易日的次三日或次五日，具体时间以基金公司公告为准。结算后的款项由银行接收，银行也要经历1～2天的结算时间，最终才能把赎回的金额划到投资者的专用账户上。由此可见，一只基金的赎回快慢与基金公司、代销渠道的结算速度是紧密相连的。所以即使是同一只基金，在不同的代销渠道，赎回时间也会有所差异。因此，投资人赎回基金时也要注意资金的到账时间，以免影响资金投资的使用效率。

第三节 基金投资的风险

这个世界上不可能会出现无风险的收益，也不可能有人会冒无收益的风险。有收益就会有风险，这就像一枚钱币的两面，是缺一不可的，基金也不例外。虽然前面我们强调了投资基金的种种优点，但是这也只能在一定程度上降低风险，而不能完全消除风险。有一位基金经理这样描述他所做的工作："我可以把风险控制到与散户相同，预期收益做到散户的5倍；或者控制预期收益与散户相同，风险可以做到只有他的1/5。"

投资有风险，入市需谨慎，是一句怎么强调都不为过的话。在进入基

金市场之前，投资者有必要先了解一下有可能会遇到的风险种类。

第一，流动性风险。投资者在需要卖出基金时，可能面临变现困难和不能在适当价格变现的困难。由于基金管理人在正常情况下必须以基金资产净值为基准承担赎回义务，投资者不存在通常意义上的流动性风险；但当基金面临巨额赎回或暂停赎回的极端情况时，基金投资者可能无法以当日单位基金净值全额赎回，如选择延迟赎回则要承担后续赎回日单位基金资产净值下跌的风险。

第二，机构运作风险。开放式基金除面临系统风险外，还会面临管理风险（如基金管理人的管理能力决定基金的收益状况、注册登记机构的运作水平直接影响基金申购赎回效率等）、经营风险等。

第三，市场风险。市场风险是指基金市场和整个宏观经济可能会给基金投资回报率造成的风险，包括政策风险、经济周期风险、利率风险、上市公司经营风险、购买力风险等。

第四，政策风险。主要是由于国家宏观经济政策发生改变，从而导致基金市场价格发生波动，继而给投资者造成的收益率风险。这些宏观经济政策有货币政策、财政政策、行业政策、地区发展政策等。

第五，基金投资风险。不同投资目标的基金，有不同的投资风险。收益型基金投资风险最低，成长型基金投资风险最高，平衡型基金居中。投资者可根据自己的风险承受能力，选择适合自己财务状况和投资目标的基金品种。

第六，申购、赎回价格未知风险。对于基金单位资产净值在自上一交易日至交易当日所发生的变化，投资者通常无法预知，在申购或赎回时无法知道会以什么价格成交。

第七，不可抗力风险。主要指战争、自然灾害等不可抗力发生时给基金投资者带来的风险。一场飓风、一次局部冲突、一次政变，都有可能使你精心盘算好的投资打水漂，要知道，用瞬息万变这个词来形容现代社会可是再贴切不过的。

第四节 基金投资

要投资基金首先要了解基金的概念，知道基金是怎么回事儿，这样才能玩转基金。那么，基金到底是什么呢？我们来看一个故事，通过这个小故事，我们可以简单了解一下基金。

一个农妇，平时生活一直很节俭。

到了给自己农场里的绵羊剪羊毛的季节，农妇心想："找剪毛匠可能要花掉一笔钱，这样不划算，不如我自己来剪。"

但是，农妇以前并没有剪过羊毛，根本不懂得如何操作。她可不管那么多，上去按住一只绵羊"咔嚓、咔嚓"几剪刀下去，竟然连毛带肉都给剪下来了。

绵羊痛得大叫，挣脱了农妇，大声抗议道："主人，你怎么可以这样蛮干呢？如果你想要我的肉，可以干脆让屠夫来宰我；如果你想要我的毛，可以直接找剪毛匠去做，他只需要4分钟就可以搞定。你以为雇剪毛匠很不划算，但实际上你这么蛮干，不仅费时费力，结果还得不偿失！"

农妇想了想，同意了绵羊的意见，雇用了剪毛匠，结果当然又快又好。

通俗地说，我们手里的钱就是羊，基金就是剪毛匠。基金是通过汇集众多投资者的资金，交给银行托管，由专业的基金管理公司负责投资于股票和债券等证券，以实现保值、增值目的的一种投资工具。基金增值部分，也就是基金投资的收益，归持有基金的投资者所有，专业的托管、管理机构收取一定比例的管理费用。基金是以"基金单位"作单位的，在基金初次发行时，将其基金总额划分为若干等额的整数份，每一份就是一个基金单位。

为了进一步理解基金的概念，我们可以做一个比喻：假设你有一笔钱想投资债券、股票等进行增值，但自己既没有那么多精力，也没有专业知识，钱也不是很多，就想到与其他几个人合伙出资，雇一个投资高

手，操作大家合伙出的资金进行投资。但在这里面，如果每个投资人都与投资高手随时交涉，那将十分麻烦，于是就推举其中一个最懂行的人牵头办这事，并定期从大伙合出的资金中按一定比例提成给他，由他代为付给投资高手劳务费报酬。当然，他自己牵头出力张罗大大小小的事，包括挨家跑腿，有关风险的事向高手随时请教，定期向大伙公布投资盈亏情况，等等，不可白忙，提成中的钱也有他的劳务费。上面这种运作方式就叫作合伙投资。将这种合伙投资的模式放大成千上万倍，就会成为基金。

如果这种合伙投资的活动经过国家证券行业管理部门（中国证券监督管理委员会，即中国证监会）的审批，允许这项活动的牵头操作人向社会公开募集吸收资金，就成为了大家现在常见的基金，更确切的名字叫作公募基金。

为了大家合伙出的资金的安全，不被基金公司偷着挪用，中国证监会规定，基金的资产不能放在基金公司手里，基金公司和基金经理只管交易操作，不能碰钱，记账管钱的事要找一位擅长此事、信用又高的角色负责，这个角色当然非银行莫属。于是这些资产就放在银行，而建立一个专门账户，由银行管账记账，称为基金托管。当然银行的劳务费也得从大家合伙的资金中按比例抽一部分，按年支付。所以，基金资产相对来说只有因那些高手操作不好而被亏损的风险，基本没有被挪用的风险。从法律角度说，即使基金管理公司倒闭，甚至托管银行出事了，向它们追债的人都无权碰基金专户的资产，因此基金资产的安全是很有保障的。

但只有保障肯定是不够的，把钱锁进保险箱里有保障，存进银行里也有保障，可是投资的目的并不仅仅是保本，而是在承受适当风险的前提下，获得投资收益。人们之所以要购买基金，主要是因为基金有以下三个优点。

第一个优点是专业化。就如同开头的故事一样，剪毛匠的专业就是"剪羊毛"，要是普通小散户上去就很可能变成"割肉"了。基金由基金管理公司来运作，基金管理公司的管理人员一般都受过专业的投资训练，具有非常丰富的投资运作经验，信息渠道畅通。而且国内绝大多数基金公司都配备了现代化的投资组合管理工具，同时也掌握国际通用的资产定价模型和公司分析技术，实现了与国际的零距离，因而能够比较准确地把握金融市场上各种金融产品的价格变动趋势，克服非专业人士在知识、经验、时间和精力方面的不足，最大限度地避免投资失误，提高投资成功率。

第二个优点是规模化。投资基金可以将零散资金汇集成具备规模优势的资金，交由专业经理人投资。在股市上散户永远斗不过庄家，因为资金量一个在天上，一个在地下，如带头大哥般叫嚣"散户扳倒庄家"完全是在痴人说梦。再精明的散户也只能在庄家掀起的大浪中摸点小鱼小虾吃。晚点进，早点出，庄家赚100块，散户赚10块就不错了。而基金则能有效地避免这个问题，当把千千万万的散户聚在一起的时候，力量就不可小视了。

第三个优点是可以得到更新的投资机会。因为特殊的国情，中国金融业并未与国际全面接轨，个人投资者在投资海外项目时有诸多限制，而通过国内的基金，就有机会进行海外市场的间接投资。

鉴于基金投资有这么多的优点，诺贝尔经济学奖得主威廉·夏普认为对于不具备专业投资知识和充足时间的普通投资者，在众多投资品种中，基金是最合适的选择，因为基金是最能分散风险并降低成本的投资工具。你动心了吗？动心了就继续往下看吧。

第五节　了解基金的种类

中国的基金起步于1991年，但真正意义上的比较规范的证券投资基金则是在1997年11月《证券投资基金管理暂行办法》颁布之后才出现的。基金在中国虽然发展的时间并不是很长，但其发展速度非常惊人，2006～2007年基金市场的疯狂至今令人印象深刻。

然而，基金市场的急剧增长和不断细分，虽然拓宽了基民选择的范围，但也为挑选合适的基金增加了难度。找到最适合自己的好基金，然后赚得盆满钵满，成了每一个基民的梦想。接下来就让我们从了解基金大家族开始这趟圆梦之旅。

第一，根据基金规模和基金存续期限的可变性，可以把基金划分为开放式基金和封闭式基金。

开放式基金是指基金发行总额不固定，基金单位总数随时增减，投资者可以按基金的报价在规定的营业场所，根据法律法规及基金契约等约定的程序和内容，申购或者赎回基金单位的一种基金。因为投资开放式基金的收益主要来自赎回价与申购价之间的差价，只需承担基金管理人能力的风险，所以投资开放式基金比较稳妥。只不过开放式基金因为可随时申购，因此必须保留一部分现金，以便应付投资者随时赎回，进行长期投资会受到一定限制。

封闭式基金的特点是事先确定发行总额，在封闭期内基金规模固定不变，基金单位总数固定不变。封闭式基金上市后投资者可以通过证券市场转让、买卖基金单位，因此价格会更多地受到市场供求关系的影响，价格波动较大，风险也比较大。不过在封闭式基金条件下，与开放式基金刚好相反，管理人没有随时要求赎回的压力，基金管理人可以实行长期的投资。

第二，根据基金的投资对象或投资范围，又可以把基金划分为三种：即股票型基金、债券型基金和货币市场基金。

第一种基金是股票型基金，同时也是最重要的。估计这也是人们在谈到基金时最先想到的一种。通常而言，股票型基金是各种基金中赚钱能力最强的，也正因此，股票型基金所蕴含的风险也高于其他大多数基金。

在投资学中，所谓股票型基金，是指投资标的为上市公司股票，主要收益为股票上涨的资本利得的一类基金。基金净值随投资的股票市价涨跌而变动。虽然这么说，但实际上为了控制风险，股票型基金并不是100%投资于股票，还会少量投资于债券、权证等其他投资品种。

作为开放式基金的一种，股票型基金的购买主要通过认购（或申购）的方式来完成。在新基金刚刚发行上市时，有一段封闭期，这段时间内必须采用认购的方式购买基金。如果你过了这个"村"，下个"店"可就只能通过申购的方式来购买了。而一般来说，申购的费率会比认购的高0.5～1个百分点。

当你想要变现时，只需要将手中持有的份额赎回便可以了。目前，"基民"可在银行、基金公司或是证券公司购买股票型基金，只要基金未暂停申购，"基民"便可以随时进行基金的申购和赎回。

第二种基金是债券型基金，顾名思义，债券型基金就是投资标的为债券的基金。那些相对保守或是不想承受较高风险的"基民"常常对股票型基金望而却步，这时，他们往往会将目光投向相对稳定的债券型基金。

利息收入为债券型基金的主要收益来源。汇率的变化以及债券市场价格的波动，也影响整体的基金投资回报率。由于与中国人民银行公布的利息率挂钩，所以，债券型基金常常是随着利率的变化而变化的。当利率上升时，债券的价格下跌，债券型基金可能会出现亏损；而当利率下降时，债券的价格会上升，债券型基金的净值则可能会上涨。所以，债券型基金并不是稳赚不赔的，仍然有风险存在。

第三种基金是货币市场基金，也被称为"准储蓄型基金"，其稳定性比债券型基金更胜一筹。一般来说，货币市场基金的投资标的为短期证券

（如债券）或是一些等同于现金的债券（如短期国债、商业票据、银行承兑汇票等）。

由于货币市场具有低风险、高流动性，因此货币型基金也继承了这些优点。货币型基金投资组合的平均期限一般为4~6个月，这使它不仅具有近乎于零的风险，而且其价格通常也只受市场利率的影响。同时，它还有着良好的流动性（资金到账期为T＋1），因此，投资者可以自由地进行货币型基金的申购和赎回，从而极大地提高资金的使用效率。

正因如此，在某些时候，货币型基金更是成为"基民"眼中银行存款的理想替代物和现金管理工具。同时也博得了"准储蓄"的美誉。

通常，货币型基金的单位净值大多保持1元的价格不变，不过，千万别以为这是为了保底，那只不过是因为其稳定的收益使得其单位净值总是可以维持在1元的水平。

也许有人会问："既然总是维持在1元的价格，那么货币型基金又是如何赚钱的呢？"

为了更好地说明这个问题，我们来看一个例子。比如说你申购了1万份某只货币型基金，假设今天每万份基金净值收益是0.7188，这就是说你今天的收益就是0.7188元。而你第二天的本金则为今天的本利和，即10000.72元，以此类推。这就是货币型基金的与众不同之处，它并不像其他基金投资那样以单利的方式增长，而是采用复利的计算方法，而且这笔收益多数基金公司都采用月结的方式。

此外，货币型基金还有一个独特之处，那就是无论谁在什么时候申购和赎回货币型基金，都是完全免费的。你既不用支付申购费，也无须缴纳赎回费。

正因为货币型基金这个独特的特点，使得很多"基民"常常根据行情的变化而在股票型基金与货币型基金之间进行转换。这样一来，不仅可以节省赎回的在途时间，还可以降低直接赎回的费用，提高基金投资的收益水平。

第七章

期货投资：相对于现货交易的投资方式

第一节　读懂期货术语

1. 买空

相信价格会涨并买入期货合约称"买空"或称"多头"，亦即多头交易。

2. 卖空

看跌价格并卖出期货合约称"卖空"或"空头"，亦即空头交易。

3. 开仓

开始买入或卖出期货合约的交易行为称为"开仓"或"建立交易头寸"。

4. 持仓

交易者手中持有合约称为"持仓"。

5. 平仓

交易者了结手中的合约进行反向交易的行为称"平仓"或"对冲"。

6. 斩仓

在交易中，所持交易头寸与价格走势相反，为防止亏损过多而采取的平仓措施。

7. 持仓量

持仓量是指期货交易者所持有的未平仓合约的数量。

8. 头寸

头寸是一种市场约定，即未平仓的买进或卖出的期货合约数量。对买进者，称处于多头头寸；对卖出者，称处于空头头寸。

9. 分仓

交易所会员或客户为了超量持仓，以影响价格，操纵市场，借用其他

会员席位或其他客户名义在交易所从事期货交易，规避交易所持仓限量规定，其在各个席位上总的持仓量超过了交易所对该客户或会员的持仓限量。

10. 移仓

交易所会员为了制造市场假象，或者为转移盈利，把一个席位上的持仓转移到另外一个席位上的行为。

11. 逼仓

期货交易所会员或客户利用资金优势，通过控制期货交易头寸或垄断可供交割的现货商品，故意抬高或压低期货市场价格，超量持仓、交割，迫使对方违约或以不利的价格平仓以牟取暴利的行为。根据操作手法不同，又可分为"多逼空"和"空逼多"两种方式。

12. 对敲

交易所会员或客户为了制造市场假象，企图或实际严重影响期货价格或者市场持仓量，蓄意串通，按照事先约定的方式或价格进行交易或互为买卖的行为。

13. 期货贴水与期货升水

在某一特定地点和特定时间内，某一特定商品的期货价格高于现货价格称为期货升水；期货价格低于现货价格称为期货贴水。

14. 基差

同一商品现货市场价格与期货市场价格间的差异，如不特别指出，一般是用近期月份期货合约来计算基差。

15. 正向市场

在正常情况下，期货价格高于现货价格。

16. 反向市场

在特殊情况下，期货价格低于现货价格。

17. 牛市

处于价格上涨期间的市场。

18. 熊市

处于价格下跌期间的市场。

19. 持仓限额

持仓限额是指期货交易所对期货交易者的持仓量规定的最高数额。

20. 撮合成交

撮合成交是指期货交易所的计算机交易系统对交易双方的交易指令进行配对的过程。

21. 最小变动价位

指期货合约的单位价格涨跌变动的最小值。

22. 每日价格最大波动限制

指期货合约在一个交易日中的交易价格不得高于或者低于规定的涨跌幅度，超过该涨跌幅度的报价将被视为无效，不能成交。

23. 期货合约交割月份

指期货合约规定进行实物交割的月份。

24. 最后交易日

指某一期货合约在合约交割月份中进行交易的最后一个交易日。

25. 期货合约的交易价格

指该期货合约的交割标准品在基准交割仓库交货的含增值税价格。

26. 开盘价

指某一期货合约开市前5分钟内经集合竞价产生的成交价格。集合竞价未产生成交价格的，以集合竞价后第一笔成交价为开盘价。

27. 收盘价

指某一期货合约当日交易的最后一笔成交价格。

28. 当日结算价

指某一期货合约当日成交价格按照成交量的加权平均价。当日无成交价格的，以上一交易日的结算价作为当日结算价。

29. 涨跌停板

当某一期货合约在某一交易日收盘前5分钟内出现只有停板价位的买入（卖出）申报、没有停板价位的卖出（买入）申报，或者一有卖出（买入）申报就成交、但未打开停板价位的情况。

30. 成交价格

交易所计算机自动撮合系统将买卖申报指令以价格优先、时间优先的原则进行排序，当买入价大于、等于卖出价则自动撮合成交。撮合成交价等于买入价（bp）、卖出价（sp）和前一成交价（cp）三者中居中的一个价格。

31. 最高价

最高价是指一定时间内某一期货合约成交价中的最高成交价格。

32. 最低价

最低价是指一定时间内某一期货合约成交价中的最低成交价格。

33. 最新价

最新价是指某交易日某一期货合约交易期间的即时成交价格。

34. 涨跌

涨跌是指某交易日某一期货合约交易期间的最新价与上一交易日结算价之差。

35. 最高买价

最高买价是指某一期货合约当日买方申请买入的即时最高价格。

36. 最低卖价

最低卖价是指某一期货合约当日卖方申请卖出的即时最低价格。

37. 申买量

申买量是指某一期货合约当日交易所交易系统中未成交的最高价位申请买入的下单数量。

38. 申卖量

申卖量是指某一期货合约当日交易所交易系统中未成交的最低价位申请卖出的下单数量。

39. 成交量

成交量是指某一合约在当日交易期间所有成交合约的双边数量。

40. 持仓量

持仓量是指期货交易者所持有的未平仓合约的双边数量。

41. 限价指令

限价指令指执行时必须按限定价格或更好价格成交的指令。

42. 取消指令

取消指令指投资者要求将某一指定指令取消的指令。

43. 开盘集合竞价

在某品种某月份合约每一交易日开市前5分钟内进行，其中前4分钟为期货合约买、卖指令申报时间，后1分钟为集合竞价撮合时间。

44. 集合竞价最大成交量原则

即以此价格成交能够得到最大成交量。高于集合竞价产生的价格的买入申报全部成交；低于集合竞价产生的价格的卖出申报全部成交；等于集合竞价产生的价格的买入或卖出申报，根据买入申报量和卖出申报量的多少，按少的一方的申报量成交。若有多个价位满足最大成交量原则，则开盘价取与前一交易日结算价最近的价格。

45. 新上市合约的挂盘基准价

由交易所确定并提前公布。挂盘基准价是确定新上市合约第一天交易涨跌停板的依据。

46. 强制减仓

强制减仓是指交易所将当日以涨跌停板价申报的未成交平仓报单，以当日涨跌停板价与该合约净持仓盈利客户（或非经纪会员）按持仓比例自动撮合成交。

47. 合约单位净持仓盈亏

合约单位净持仓盈亏是指客户该合约的单位净持仓按其净持仓方向的持仓均价与当日结算价之差计算的盈亏。

48. 风险警示制度

当交易所认为必要时，可以分别或同时采取要求报告情况、谈话提醒、发布风险提示函等措施中的一种或多种，以警示和化解风险。

49. 强行平仓制度

对会员或投资者违规超仓的或者未按规定及时追加交易保证金的，以及其他违规行为的，交易所对违规会员采取强行平仓措施。

50. 大户报告制度

当会员或者投资者某品种持仓合约的投机头寸达到交易所对其规定的投机头寸最大持仓限制标准80%时，会员或投资者应向交易所报告其资金情况、头寸情况，投资者须通过经纪会员报告。

51. 保证金

保证金是指买卖双方成交后，交易所按持仓合约价值的一定比率收取的资金，用于结算和保证履约。

52. 结算

结算是指根据交易结果和交易所有关规定对会员交易保证金、盈亏、手续费、交割货款及其他有关款项进行计算、划拨的业务活动。

53. 追加保证金

当客户的必须保证金少于一定数量时，经纪公司要求客户补足的部分叫追加保证金。

54. 浮动盈亏

未平仓头寸按当日结算价计算的未实现盈利或亏损。当日盈利划入会员结算准备金，当日亏损从会员结算准备金中扣划。

55. 每日无负债结算制度

又称逐日盯市，是指每日交易结束后，交易所按当日结算价结算所有合约的盈亏、交易保证金及手续费、税金等费用，对应收应付的款项实行净额一次划转，相应增加或减少会员的结算准备金。

56. 风险准备金

风险准备金是指由交易所设立，用于为维护期货市场正常运转提供财务担保和弥补因交易所不可预见风险带来的亏损的资金。

57. 交割差价

最后交易日结算时，交易所对会员该交割月份持仓按交割结算价进行结算处理，产生的盈亏为交割差价。

58. 实物交割

实物交割是指期货合约到期时，根据交易所的规则和程序，交易双方通过该期货合约所载商品所有权的转移，了结未平仓合约的过程。

59. 集中交割

即卖方标准仓单、买方货款全部交到交易所，由交易所集中统一办理交割事宜。

60. 期货转现货

期货转现货是指持有同一交割月份合约的交易双方通过协商达成现货买卖协议，并按照协议价格了结各自持有的期货持仓，同时进行数量相当的货款和实物交换。

61. 内幕信息

内幕信息是指可能对期货市场价格产生重大影响的尚未公开的信息，包括：中国证监会及其他相关部门制定的对期货交易价格可能发生重大影

响的政策，期货交易所做出的可能对期货交易价格发生重大影响的决定，期货交易所会员、客户的资金和交易动向以及中国证监会认定的对期货交易价格有显著影响的其他重要信息。

62. 内幕信息的知情人员

内幕信息的知情人员是指由于其管理地位、监督地位或者职业地位，或者作为雇员、专业顾问履行职务，能够接触或者获得内幕信息的人员，包括：期货交易所的理事长、副理事长、总经理、副总经理等高级管理人员以及其他由于任职可获取内幕信息的从业人员，中国证监会的工作人员和其他有关部门的工作人员以及中国证监会规定的其他人员。

第二节　期货投资的策略

进入期货投资市场之后就要学会期货市场的投资策略。期货市场的投资策略主要有投机策略、跨期套利策略、跨市场套利策略、期货现货套利策略等。

1. 投机策略

期货市场中的投机交易策略涉及最主要的两个问题是入市方向和入市时机。入市方向涉及对期货价格走势的预测，包括长期走势和短期走势，而入市时机涉及对期货价格波动规律的认识。

（1）入市方向

对于期货入市方向的选择，除了分析基本面因素和技术面因素外，入市方向的选择还需要确定是长线投机还是短线投机。

①期货市场长线投机的入市方向。投资者对于长线投机，要更关注基本面所决定的大势，根据大势确定期货投资方向。

期货价格是对未来供求的一种预测。长期来看，期货价格和现货价格趋势一致。因此，投资者要确定期货市场的大势必须获得全面影响供求关

系的信息，在客观分析的基础上，对未来现货价格做出预测。通常，人们很难做到准确的预测，总是在不断地收集各种供求信息，及时修正自己的预测，使自己的预测逐步趋于准确，从而获取期货投资收益，这也是期货市场的魅力所在。因此，长线投机要不断投入人力、物力收集市场的供求和政策信息，这样才能获取信息带来的收益。

②期货市场短线投机的入市方向。与现货价格相比，期货价格有两个基本特征：波动频繁和波幅偏大。实践表明，期货市场是一个信息市场，期货价格对各种信息反应敏感。现货价格由现实的供求关系决定，短时期内现货价格更可能是单向运行。相反，期货价格是对未来供求关系的预测，短期内，期货价格比现货价格波动更加频繁。由于信息不对称和信息不充分，期货投资者的决策往往不完全是依据已有的信息，而是依据对其他投资者行为的判断，这就形成了"跟风从众心理"。由于"跟风从众心理"的广泛存在，期货价格经常出现过度反应——"涨过了头"或者"跌过了头"，也就是说期货价格比现货价格波动幅度要大。

正是由于期货价格在短期内比现货价格波动频繁、波幅大，这就为短线投资者创造了比现货更多的投资机会，所以，短线投资者可以通过技术分析，结合对期货市场人气、基本面等因素的判断，进行短线投机。

（2）入市时机

无论长线投机还是短线投机，期货投资入市时机的选择均以技术分析为主，结合基本面分析。在入市时间的选择上，图表分析法可以充分发挥作用。有时基本因素分析表明从长期看期货价格将上涨（或下跌），但当时的市场行情却步步下滑（或升攀），这时可能是基本分析出现了偏差，过高地估计了某些因素；也可能是某些短期因素对行情具有决定性的影响，使价格变动方向与长期趋势出现暂时的背离。不管期货市场发生了哪种情况，投资者均有必要对以前的分析进行检验。如果经检验后结论仍然相同，价格在长期将上升（或下跌），就暂时不入市，直到市场行情逆

转，与基本分析的结论相符时再入市买入（或卖出）合约。因此，投资者只有在市场趋势已经明确上升时才买入期货合约，在市场趋势已经明确下降时再卖出期货合约。如果投资者发现期货市场的变化趋势不明朗，或不能判定市场发展趋势，就不要建仓。

短线投机者应该选择近期活跃月份，这样入市才会便利，进出市场的成本也会较低。

长线投机者可以选择远期合约。这是因为远期合约处于不活跃状态，价格可能比较合适，可以用稍长的时间去建仓。

在正向市场上，远期合约价格大于近期合约价格。如果远期合约的价格也上升，近期合约的价格至少同步上升，以维持与远期合约间的价差和持仓费间的相等关系，且可能近期合约的价格上升更多。合约价格下跌时，远期合约价格的跌幅不会小于近期合约，因为远期合约对近期合约的升水通常不可能大于与近期合约间相差的持仓费。所以，决定买入期货合约，做多头投机时应买入近期合约；决定卖出合约，做空头投机时应卖出远期合约。

在反向市场上，即远期合约的价格低于近期合约的价格，如市场行情下滑，近期合约受的影响较大，跌幅很可能大于远期合约。如果市场行情上涨，在近期合约价格上升时，远期合约的价格也上升。因此，投资者决定买入某种期货合约，做多头的投资者应买入较远的合约，行市看涨同样可以获利，行情看跌时损失较小；若决定卖出某种合约，做空头投机，则应卖出较近的合约，行情下滑时可以增加盈利。

在买入合约后，如果期货市场的价格下降则进一步买入合约，以求降低平均买入价，一旦价格反弹可在较低价格上卖出止亏盈利，此谓平均买低。在卖出合约后，如果期货市场的价格上升则进一步卖出合约，以提高平均卖出价格，一旦价格回落可以在较高价格上买入止亏盈利，这就是平均卖高。

运用这种投资技巧时，投资者必须以对市场大势的看法不变为前提。在预计价格将上升时，价格可以下跌，但最终仍会上升。在预测价格即将下跌时，价格可以上升，但必须是短期的，最终仍要下跌。否则这种做法只会增加损失。

进入期货市场的投资者要树立起风险意识。每一笔交易都要建立止损和盈利目标。要尽量扩大盈利，及时缩小损失，这就要求在正确分析的基础上，如果价格对自己有利要尽量扩大，在价格对自己不利时，要及时对冲平仓。盈利目标要大于可能的损失，只有这样的交易才是有利可图的。

期货价格在一定时期内趋势性强，大势一旦形成，将持续较长时间。因此，投资期货在价格不利的时候，尤其是与大势相反的时候，一定要果断止损，防止损失扩大超过自己所能承受的范围。

投资者从基本面分析判断出价格大势以后，如果进行短线操作，可以做一些技术性反向操作。如果期货价格变动方向对投资者不利时，要果断止损，防止短线操作转化为长线操作而产生巨幅亏损。如果短线操作方向和大势一致，而期货价格变动方向对自己不利，可以适当地延长持仓时间，以"时间"去换取"盈利"的空间。如果期货价格变动和自己预测的方向一致，即对自己有利，要尽量地扩大自己的盈利幅度。

2.跨期套利策略

跨期套利的操作方式是根据不同合约月份的价格关系，买入一个合约的同时卖出数量相等的另一个合约，在有利时间将两个合约的持仓同时对冲平仓获利。

假若两个合约月份的价格都不波动，同幅度上涨、同幅度下跌，投资者无盈利；假若买入的合约价格不变，卖出的合约价格上涨，则亏损，下跌则盈利；假若卖出的合约价格不变，买入的价格上涨，则盈利，下跌则亏损；假若同时上涨，但买入的合约上涨幅度大于卖出的合约，则盈利，

小于则亏损；假若同时下跌，买入的合约下跌幅度大于卖出的合约，则亏损，小于则盈利。

不同合约月份的价格通常会存在价差的变化，同向不同幅度变化是经常现象。因此，当一个合约和另一个合约的价格比较，出现不正常价差时，可以买入价格相对较低的合约，卖出价格相对较高的合约。当价差趋于合理时可以平仓套利，持仓盈利。

由此看来，跨期套利是根据两个合约月份的价差变化趋势进行操作。跨期套利的风险小于单方向投机的风险，所以，成为一些投资者常用的交易策略。

跨期套利又可细分为三种。

第一种是牛市跨期套利。正向市场中，合约价差大于交割仓单成本时，则会导致近期月份合约价格的上升幅度大于远期月份合约，或者近期月份合约价格的下降幅度小于远期月份合约。这时，投资者可以在买入近期月份合约的同时，卖出远期月份合约而进行牛市套利。如果价差不缩小，可以通过仓单交割方式获利，但要考虑交割对主体的要求。

第二种是熊市跨期套利。在反向市场上，近期月份和远期月份价差超过正常水平，则会导致近期合约价格的跌幅大于远期合约，或者近期合约价格的涨幅小于远期合约。这时，投资者可以在卖出近期合约的同时，买入远期合约而进行熊市套利。

第三种是仓单跨期套利。当远期合约价格大于近期合约价格时，投资者可以买入近期合约，而卖出远期合约。近期合约到期时，可以交割接受仓单，远期合约到期时，再交割卖出仓单，这种跨期套利叫仓单跨期套利。由于交割有一系列费用，包括交割费、仓储费、资金利息费用等，所以，仓单跨期套利时，两个月份的价差应该大于这些费用的总和。

跨期套利的存在，保证了合约价格差趋于合理，是期货市场鼓励的交易行为，为此，一些期货交易机构专门制订了有关跨期套利管理办法，对

跨期套利在交易中给予优待。

3.跨市场套利策略

跨市场套利利用的是同种商品同一交割月份的期货合约在不同市场间价格的异常变动。跨市场套利遵循的也是低买高卖的原则，即在价格较低的市场上买进，同时在价格较高的市场上卖出，等到两个市场的价格关系恢复正常后再进行平仓获利。跨市场套利既可以在国内的不同市场间进行，也可以在国际市场间进行。

在进行跨市场套利时应注意影响各市场间价格差距的几个因素。

一是地理位置因素。一般来说，与产地或集散地较近的交易所价格较低，反之则价格较高。二是交易时间的不同，开始先后会影响价格的差别。三是各交易所对同一种期货用于交割的商品品种及其等级规定不尽相同，这种品种及等级上的差别，因质量及用途不同，在价格上必有反映。四是各交易所对允许用于交割的替代品种参照基准交割品种价格的升水和贴水的规定有差别，这种差别也会形成价差。

4.期货现货套利策略

期货价格高于现货价格时，投资者可以从现货市场买进商品，交割月临近时，注册成标准化的仓单后，在期货市场交割获利。但是，期现套利过程中也有一些要注意的问题。

首先，交割商品的质量应严格执行规定的标准。由于期货市场涉及买卖双方的利益，买卖双方又互不见面，交割仓库要对交割质量负责，对质量标准的要求极为严格。目前期货交割检验实行国家公检制度，有关检验机构也会严格执行规定的标准，以确保交割顺利进行。

其次，交割货物的价格必须达到国家有关标准。和现货市场不同，期货市场交割的商品必须符合交割品的有关规定，不符合的不能交割。一些初入市的投资者，由于对期货规则不熟悉，带着现货商务处理方法思考问题，往往货物到了交割仓库，才发现货物不能降价交割。

再次，交割成本应低于期现货价格差。除货物购入价外，期货交割由于实行定点交割仓库制度，还需花费一定的交割成本，其中包括期货交易费、短途运费、卸车费、配合公检费、交割费、资金利息、税收和一些人员差旅杂费等。

最后，要注意交割收益水平。交割过程中常会存在一些风险，例如，货物购进时出现商务纠纷问题，包括购进货物数量和质量纠纷，运输过程中产生的纠纷等。如果货物到指定交割仓库后，发现质量不合格，发生的交割费用就无法弥补。因此，交割必须有一定的收益水平，超过一定收益水平的交割才是合理的。

第三节　了解期货投资

期货是与现货相对的说法，通俗来讲就是未来的货物，所以期货的英文名叫"future"，也就是将来的意思。期货可以是实物，一般是大宗的农产品或者原材料，如小麦、玉米、大豆、橡胶、钢铁、有色金属等；还可以是金融工具，如外汇、债券，甚至是股票指数。交割时间也有长有短，一个月到一年都有可能。看到这里肯定会有人觉得期货投资的门槛很高，别的不说，光大宗产品的储运就是个大问题。

其实不然，所谓期货，是期货合约的简称，指期货交易所统一制订的、规定在将来某个特定时间和地点交割一定数量标的物的标准化合约。期货市场里流转的并非商品，而是以一定比例（一般为5%～10%）保证金交易的一纸标准化合约。期货交易实际上是对期货合约的买卖，而不是交易商品本身。具体而言，不管交易的是什么类型的期货，合约成交并不意味着该合约所代表的商品的转手；它代表的是一种具有法律约束力的承诺，保证在此后的某一约定时间买进或卖出该合约所代表的一定数量的商品。

尽管期货合约表示的是这样一种有效承诺，但是实际履行这种承诺的人极少。因为绝大多数人参与期货交易并不是为了卖出或买进实际的商品，故他们只需在承诺到期之前做一个反向的买卖以对冲掉原来的合约即可，这种抵消的行为称为平仓。只有很少的一部分合约才会办理货款的交割和货物的交收，实现商品所有权的转移。

期货市场相比传统的现货市场，具有两个最基本的经济功能，即价格发现机制和风险转移机制。

价格发现机制来源于期货市场集中交易的方式。由于有大量的买者与卖者在同一时间集合竞价，所形成的价格代表了所有进入市场的人对未来价格的预期，综合反映了各种因素对这一特定商品的影响，从这一点来说，期货市场起到了价格晴雨表的作用。人们可以利用期货市场所形成的价格和所传播的市场信息来制订各自的经营策略，避免决策的盲目性。

无论是生产商、加工商还是销售商，他们处在千变万化的市场中总是面临着价格变化所带来的风险，因此他们也总是希望能回避掉这种风险。期货市场的风险转移机制便为回避这种风险提供了可能——他们可以在期货市场上通过套期保值的交易方式预先锁定生产成本或利润，而将价格变动的风险转移给投机者。而投机者之所以要进入期货市场承担风险，是因为他们看中了这种风险所隐含的潜在厚利。

期货市场通过风险转移机制为广大生产商、加工商以及销售商所提供的套期保值功能，是期货市场得以产生的动因，也是期货交易最基本的功能。没有这种实践上的需求，也就没有今天的期货市场。

所谓套期保值，是指在现货市场上进行买卖的同时，在期货市场上做一笔数量相同但方向相反的交易。其基本原理在于，现货市场价格和期货市场价格通常受同样的经济因素的影响，在变动方向和程度上往往是一致的。这样，当商品的价格发生波动时，现货市场上的亏损就可以由期货市

场上的盈利来弥补；当然也会有可能现货市场上的盈利反而被期货市场的亏损抵消了——这便是保值，交易者的本意即在于由此控制生产成本或者锁定利润，以保证生产经营活动的正常进行。套期保值者一般都是从事与所交易商品有关的生产、加工、销售等活动的厂商。

套期保值者利用期货市场来转移风险，就必然要有承受这种风险的行为，这种行为就是投机。所谓投机，是指利用期货市场价格的波动，预测将来商品的价格走势，并在现时就从事这种商品期货合约的买卖的行为。

投机者进入期货市场不是为了回避风险，而是承受风险以获取利润。如果期货市场上没有投机者，套期保值交易很难进行，因为套期保值者的本意都是避免风险，他们之间很难在某一价格水平上达成买卖协议。投机者进入后，他们成为风险的承担者。此外，投机因素的存在，缓和了价格波动的幅度，有利于稳定市场。具体而言，投机者在价格处于低水平时买进期货，会使价格及早脱离低谷而上扬；在价格处于高水平时卖出期货，则会使价格免于过度攀升而下降。

实际操作上，期货投资的具体形式要复杂得多，它既可以利用商品价格的波动来投机，又可以利用现货和期货的价差来套利，还可以进行跨交易所、跨品种、跨月份的操作等。如果是利用期货市场与现货市场之间的价差进行的套利，那么就称为期现套利；如果是利用期货市场上不同合约之间的价差进行的套利，那么就称为价差交易；如果是利用不同市场上合约价差进行的套利，那么就称为跨市套利。只要存在着利益，那么就一定会出现种种追求这一利益的方式。

第四节　了解期货市场的特点

期货市场是指买卖期货合约的市场，即合法设立的、有保证金制度作

保障的期货交易所。期货交易的目的并不是获得实物、实现商品所有权转移，而是为了回避价格风险和套利。

期货市场有两大最基本的经济功能：一是通过在期货市场上做套期保值交易转移价格波动风险；二是通过公开竞价发现合理价格。

期货市场具有如下特点。

1. 多空双向交易

期货交易与股票交易的最大区别就是期货做空比股票方便得多，期货交易既可以买空，也可以卖空。所谓买空，也叫多头交易，是指投资者首先买入期货，然后在将来价格上涨时高价抛出；所谓卖空，也叫空头交易，是指投资者在遇到价格下跌时可以先卖后买，这样就能从价格下跌中获取差价。双向交易虽然能给投资者带来极大的投资风险，但同时也可能创造巨大的投资效益。

期货投资实行的是T＋0交易，当天交易次数不限。也就是说，投资者可以当天交易，当天平仓，平仓后的剩余保证金马上就能到账，不影响随后的交易。这样就大幅提高了投资者的资金利用效率。

2. 保证金交易

保证金交易是期货交易的重要特征之一，它是指买卖双方在进行期货交易时并不需要及时付清全部货款，交付所有货物，双方都只需要向交易所的清算机构支付合约总值一定比例（一般为5%～10%）的款项，作为期货交易的保证金，保证今后履约。这笔保证金便是初始保证金。以后，当期货价格发生变动时，保证金的数额也会进行相应的调整。

保证金交易的方式，使投资者能够以较少的资本控制期货合约的整体价值，赋予期货交易以杠杆作用。杠杆原理一方面使投资者趋之若鹜，另一方面造就了期货交易高风险与高收益并存的特点。

举个简单的例子。某交易所规定，某种期货合约的保证金收取比例为10%，当某人买进一张总值为10万元的该期货合约时，他只需交纳1万元的保证金。一段时间后，如果该合约所代表商品的价值增长了10%，即1万

元，那么，相对于此人投入的资金而言，其盈利率达到了100%；若该合约所代表商品的价值降低了10%，那么，此人的亏损也是100%，即赔光全部本金。

3. 每日无负债结算

期货交易实行每日无负债结算制度。也就是说，期货交易所在每天交易结束后，都要按照当天的结算价格结清所有合约的盈亏、交易保证金、手续费、税金等费用，对应收应付款项按净额实行一次性划转，同时调整会员的结算准备金。

这种逐日盯市、每日无负债的结算制度，本来是控制期货市场风险的特有制度，但却为投资者创造投资收益、规避投资风险提供了便利。

4. 低廉的交易费用

期货交易费用的高低也会影响投资收益。而目前期货交易的费用并不高，政府不征收印花税等税费，唯一的费用是交易手续费。

目前，我国期货交易所的手续费率在0.2‰左右，加上经纪公司的附加费用在内，单边手续费不到交易额的0.1%。

5. 零和市场

股票市场的价值是随着经济发展上下起伏的，期货市场在这方面是一个零和市场。当股市步入熊市之际，总市值会出现大幅缩水，全体投资者的获利总额小于亏损总额。可是在期货市场上，如果不考虑资金进出、提取交易费用等情况，期货市场上的总资金量是不变的，一部分人的投资获利完全来自另一部分人的投资亏损。

第五节 期货投资前的准备

期货市场是一个高收益和高风险并存的市场，在进入这个市场之前，

必须要做好适当的准备。投资期货的人像割韭菜一样一茬接一茬，谁都希望自己成为坚持下来的那一批。

在期货投资中，资金管理是最重要的部分，甚至比交易方法本身还要关键。胜败乃兵家常事，在期货市场中赔钱不可怕，可怕的是一次就赔得倾家荡产，失去了翻盘的机会。可见，良好的资金管理意义重大。

首先，总投资额必须限制在全部资本的50%以内，余额可以投入短期货币工具。在任何时候，投资者投入市场的资金都不应该超过其总资本的一半，剩下的一半是储备，用来保证交易顺利进行。

其次，在单个市场上投入资金必须限制在总资本的10%～15%。这一措施可以防止投资者在一个市场上投入过多的本金，从而避免在"一个市场中损失过大"的危险。要注意的是，比如金市和银市，看似两者不是同一个市场，实则它们通常处于一致的趋势下。这样，投资者把全部资金投入同一群类的各个市场，就违背了多样化的风险分散原则。

最后，在单个市场上所投入的总亏损金额必须限制在总资本的7%以内。7%是指投资者在投资失败的情况下，所承受的最大亏损；投资者在决定应该做多少张合约的交易，以及设置止损指令时，都应以此作为风险控制的基准。当断则断才是大丈夫，不要抱着侥幸的心理越陷越深。

当然良好的资金管理只能保证你不会输得太惨，而想要在期货市场上淘到金，挣到钱，还要从以下五点下功夫。

第一，要丰富自己的投资知识。为了避免风险，应该充实自己对于各项商品及全球化市场的知识。为做到这一点，除随时了解各种财经信息之外，还要关心时事，培养敏锐的观察力。如果能充分了解各类资讯对商品价格及整个投资市场的影响，就可以培养出灵敏的应变能力，只要一有什么风吹草动，你就能够准确察觉并做好准备。

第二，要选择自己熟悉的领域来进行期货投资。虽然期货市场中可供选择的商品很多，但是就期货投资而言，为了积累实际操作的经验以降低

风险，"从一而终"是很好的选择。

第三，由小及大，熟悉期货市场的规律。一些投资者常犯的错误，就是投了一大笔钱进入期货市场之后，却发现自己对期货市场不甚了解，不知道该从何下手。在进行真正的投资之前，不妨先用几笔小的投资，花点时间观察一下期货市场是如何运作的，有着什么样的规律。

通常人们做一项投资，总要先观察，后行动。投资者应该认真地审视期货交易中的每一个细节。要明白期货交易中可能出现的错误，或可能成功的各种方法。要学习如何确定交易策略，如何执行交易。在交易的内容和交易的方法上，也要考虑投资者自己的个性。

投资者在使用交易预测系统进行交易时，就应该对交易预测系统进行反复的测试，以便确定有多大的赔钱概率。投资者必须知道自己在方法论上的优势，工作习惯上的优势以及专业化方面的优势。如果投资者不知道这些优势，那么你的投资将冒极大的风险。

第四，全神贯注地投入交易。成功的投资经验表明，应该关注交易的全过程，无论是否赚钱。在期货交易中赔钱是不可避免的，亏损是交易过程不可避免的组成部分。那些注意力集中在赚钱上的投资者很可能是要赔钱的，这是因为他们无法正确地面对那种投资过程中难以避免的起伏。他们赚钱时就情绪昂扬，赔钱时就垂头丧气，甚至惊慌失措。在期货交易过程中情绪忽高忽低不是好现象，而应该心平气和地把注意力集中于交易的全过程。合格的期货投资者积极地预测市场的走向，尽管无法预知市场会发生什么变化，但是他们可以控制交易过程，实际上他们能控制的也就是交易过程。

第五，期货投资不能感情用事。不要用感情来交易，在期货市场中保持心态的平衡是十分关键的，在做多个品种期货交易时这一点尤其重要。作为投资者一定要记住，市场不是个人的行为。投资专家认为，赔钱的交易往往是由于投资者感情用事造成的，一些投资者常常忘掉了一切，用感

情去交易，他们必然因此而反反复复，缺乏一贯性，而且无法清醒地考虑问题。有的投资者容易感情冲动，但是，好的投资者不是这样的。不要坚持认为某个头寸是正确的，并认为市场错了。市场总是正确的，市场同你的意见和头寸无关。还有，那些自以为比其他人都聪明的投资者很容易失败。在市场面前应该谦卑一点，否则市场会让你知道这种态度会出问题。一些传统的观点通常是错误的，当你认为你掌握的信息十分了不起、十分有价值时，别人也早已掌握了这些信息。

第八章

保险投资：保障和投资合二为一的投资方式

第一节　了解保险投资

美国次贷危机引发的金融海啸席卷全球，也给国内保险行业带来了严重的影响。银行一年期存款利率下调，不但对分红保险的分红率有严重冲击，对保险公司的定价策略也会形成压力；公众对保险公司寻求海外发展的信心也受到了影响；上证指数从6000多点跌到1600多点，导致了投连产品最高50%的跌幅，这也让很多当初以为买投连产品就没有风险的客户很是心痛。

从国内主导的保险思路上来看，这次危机带来的主要问题是：收益降低了，回报降低了，保险应该怎么买？保险不赚钱为什么还要买？

其实，这不是个问题，因为这个观点本身就是错误的。保险本身不是用来赚钱的，也不是因为投资才诞生的。

中国的保险行业似乎从来没有做过主业，或者很少做自己该做的事情，而是一直在努力将自己打扮成储蓄、基金，甚至房产等。

所以，问题就是问题本身，为什么会有这样的问题？因为对待保险我们一直都存在错误的看法。

保障是保险的核心功能。从定价原则以及诞生初期的定位来看，保险的核心一直都是分散和转嫁风险，其他的储蓄、投资功能是附带的，是发展过程中的衍生品。若你是为了储蓄和投资而去买的保险，那就如买椟还珠，往往会得不偿失。

保险是以契约形式确立投保人和保险公司双方经济关系，投保人缴纳保险费，保险公司用其保险费建立保险基金，并对保险基金进行有效的投资运作，使它不断增值，以保证保险合同规定范围内的灾害事故所造成的

损失有充足的资金准备，最后对投保人进行经济补偿或给付的一种经济形式。

那么，什么是保险的核心攻略？其实就是去买保障，这个和金融海啸不相关，和资本市场是否火爆也没有联系，这是商业保险的本质，适用于任何时候。

永久性的投保攻略是怎样的呢？一下子挣很多钱不太容易，而短期的投资前景又不乐观，此时，买保险更应该物尽其用，最好考虑系统的保障方案，而不应只是像单纯地选购一个产品那样购买保险。保险需求是一个系统的概念，因为一个人或者一个家庭，要承担多方面的责任，比如家人的生活、孩子的教育、房贷、车贷、疾病、养老等，而且在不同时间段，实际情况也不同，一份保单，需要把这些问题系统地照顾到，再用系统性的方案来处理，才能真正对家庭有用。

一个人、一个家庭都需要对未来做出良好的规划与保障，而投资保险就是现代家庭投资理财以及保障生活的一种明智选择。购买保险要根据自己的经济实力，选择最适合自己的保险项目及保险金额。选择合适自己的险种需要从以下几个方面考虑。

1. 明确投保的目的

在准备投保之前，投保者应先明确自己的投保目的，有了明确的目的，才能选择合适的险种。例如，为了自己退休有保障，就应该选择个人养老保险；为了将来子女受到更好的教育，就要选择少儿保险；为了保障以后健康的生活，就要选择重大疾病保险等。总之，要避免因选错险种而造成买了保险却得不到预期保障的情况出现。

2. 确定保额要量力而行

各种保险的保额不同，功效也不同，所获得的回报也不同，我们要对此有清楚认识。人身保险的保险金额一般由投保人自己确定，有的可以投保多份，投保人必须考虑自己的支付能力，不能为追求高额保险金而不考

虑自己的经济能力。否则,一旦出现不能承担保险费的情况,不但保险成了泡影,已缴的保险费也将受到很大损失。

但是财产保险就不同了,财产保险金额应当与家庭财产保险价值大致相等。如果保险金额超过保险价值,合同中超额部分是无效的;如果保险金额低于保险价值,除非保险合同另有约定,保险公司将按照保险金额与保险价值的比例承担赔偿责任或只能以保险金额为限赔偿。

3.险种期限要长短相配

保险期限长短直接影响到保险金额的多寡、时间的分配、险种的决定,直接关系到投保人的经济利益。比如意外伤害保险、医疗保险一般是以一年为期,有些也可以选择半年期,投保人可在期满后选择续保或停止投保。人寿保险通常是多年期的,投保人可以选择适合自己的保险时间跨度、缴纳保费的期限以及领取保险金的时间。

4.选择合理保险投资组合

保险投资可以在投保项目上进行组合,购买一种主险时可以再购买几种附加险,这样可以有更好的保障性。如果你正准备购买多项保险,应当尽量以综合的方式投保。因为,它可以避免多个单个保单之间可能出现的重复,从而节省保险费,享受到较大的优惠。

投资理财必然面对收益与风险的矛盾,收益越大,风险越大。因此,既要敢冒风险,追求收益最大化,又要时刻防范风险,以确保资金安全。

第二节　如何购买保险

为了保障我们不可预知的未来,避免人生道路的曲折与崎岖,我们选择了保险,有了保险就多了一份安全与保障。但是,不同的人在不同时

期需要不同的保险。少了，会影响保障；多了，会影响支付能力和生活质量。因此，在投保的时候我们要根据自己和家人所处的年龄段，结合自己的实际情况，选择合理的投保方式。

1. 儿童保险

从孩子一出生，很多家长就开始准备给孩子买保险。如今，给孩子买保险已经成为很多父母的共识，但是如何正确地为孩子挑选、搭配保险成了令众多父母头痛的问题。面对市面上各式各样的保险产品、看到头晕眼花的保险条款，还有那一笔笔的经济账，买保险该从哪里下手，怎样才能既不花冤枉钱，又能给孩子最好的保障呢？目前儿童保险有四大主流险种。

（1）儿童保险的分类

① 儿童意外伤害险——保障型儿童险。

购买理由：儿童好奇心强，活泼好动，而且自我保护意识比较差，在社会中是弱势群体，因此发生意外的可能性也就相对较大。据最新的统计资料表明，儿童期意外死亡的发生率以每年7%～10%的速度增加，某些地区儿童意外死亡与伤害的发生比例高达1：19，意外死亡已经成为我国0～14岁儿童的第一死因。意外死亡的主要类型是意外窒息、溺水、车祸与中毒，其中车祸死亡率的上升尤为显著。意外伤害的主要原因为跌落、烧（烫）伤、动物致伤。目前意外伤害已经超过疾病成为儿童健康的头号杀手。

险种特点：保费便宜，保障高，无返还。

适用家庭：基础购买，只保意外伤害。

提示：购买这类保险并不意味着从此可以不用担心孩子的安全问题，它只是在孩子发生意外事件后，可以得到一定的经济帮助和赔偿。

② 儿童健康医疗险——保障型儿童险。

购买理由：在家庭生活中，与儿童健康有关的花费主要有两种：一种是儿童重大疾病，另一种是儿童住院医疗。目前，重大疾病有年轻化、低龄化的趋向，如白血病等，同时还有像川崎病、严重心肌炎等婴幼儿易患

的特定重大疾病，而按照我国目前的基本医疗保险制度现状，少年儿童这一年龄段基本上处于无医疗保障状态。因此，利用保险分担孩子的医疗费支出就成为投保儿童保险所要考虑的重要因素。

现在普通的儿童疾病主要是呼吸道和消化道疾病，如上呼吸道感染、支气管炎、肺炎、腹泻等，动辄就住院，积累下来，花费也不小。因此在考虑购买险种时，建议家长可以购买附加住院医疗险和住院津贴险。这样，孩子万一生病住院，大部分医疗费用就可以报销，并可获得每天50～100元的住院补贴。

险种特点：保费便宜，保障高，无返还。

适用家庭：基础购买，孩子体质较弱。

提示：重大疾病险投保年龄越小，保费越便宜。过去，许多公司规定18岁以上才能购买重大疾病险，但现在儿童也可以购买该险种了。

③ 儿童教育储蓄险——储蓄型儿童险。

购买理由：教育市场化所带来的教育支出高涨，以及家庭消费观念的变化，使越来越多的父母都愿意将有限的资源投资在孩子的教育培养上，提前为孩子做一个财务规划和安排。

教育储蓄险主要是解决孩子未来上学或出国留学的学费问题。以购买保险的形式来为孩子筹措教育费用，购买保险后需要按时向保险公司缴费，作为一种强制性储蓄，可保障孩子日后的费用使用。而一旦父母发生意外，如果购买了可豁免保费的保险产品，孩子不仅免交保费，还可获得一份生活费。所以此类保险是以储蓄和保障为主的。

险种特点：定期定额缴费，存多返还多，储蓄外有保障。

适用家庭：目标明确的中长期储备。

提示：由于目前不少保险公司推出的教育型险种都将教育基金与儿童身故保障设计在一起，相比储蓄等单纯的投资渠道，购买教育型险种更多了一层保障功能。另外，购买保险还能在一定程度上达到合理避税的目的。

④ 儿童投资理财保险——投资型儿童险。

购买理由：投资连结保险是一种融合保障、储蓄与投资于一身的新险种。与其他险种不同的是，投资连结险能够较好地融合风险保障与理财规划的优点。投资类保险尤其是万能型保险，可以同时解决孩子的教育（留学）、创业、养老等大宗费用的问题。目前各个保险公司的具体保险方案不尽相同，但通常是孩子在成年前，父母为投保人，为孩子筹划日后的教育（留学）费用、创业启动资金；孩子在成年后，自己将成为投保人，筹划补充养老、医疗、旅游基金等。

家庭可以根据孩子的教育需要，应付不确定的教育支出。投资本险种，需要有一定的经济基础，保费预算较高。

险种特点：保费自由、保额自主、随时支取、保障外有收益。

适用家庭：保费预算较高的家庭。

提示：作为一种新近推出的险种，保险公司销售人员通常都会鼓励家长尝试购买，虽然此险种覆盖范围比较全面，但父母在投保前仍要考虑实际需要，尤其是要考虑是否存在重复购买的情况。

（2）如何选择险种

每个家庭的经济情况不同，因此，以下四条仅供参考。

第一条，经济实力一般的家庭，可以考虑儿童意外险和医疗险。这两个是最基本，也是最经济的险种，遇到因无人照顾或是稍有疏忽而发生的意外伤害，如跌倒、磕碰伤或是较严重的如车祸等，就可以得到一定的经济赔偿。这种险花钱不多但是保障较好。

第二条，经济实力尚可的家庭，可以考虑儿童重大疾病保险。因为重大疾病高额医疗费用负担比较沉重，往往使一个家庭面临巨大的经济压力。而以前保险公司是拒绝为幼儿投保该项险种的，但现在年龄限制已经放宽。购买后可以防万一。

第三条，经济实力较强的家庭，可以考虑教育储蓄险。如果父母经

济实力较强，购买教育险只是"强制储蓄"，除了可以解决孩子以后上高中、大学或出国留学的学费问题外，它的收益也要比定期存款稍高一些，能够避开利息税，可以将它作为一种家庭理财规划来看待。

第四条，经济实力很强的家庭，可以考虑理财型的险种。如果家庭经济实力确实很强，又想给孩子更多的保障，不妨请保险公司提供一些理财型的险种进行组合。

（3）给儿童投保的10个窍门

① 儿童的"保险"年龄。大多数儿童保险的投保年龄都以0岁作为开始，但在保险行业章程中，这个0岁不是儿童的自然年龄，指的是儿童出生满28天。

② 缴费期不必太长。为孩子投保可以集中在孩子未成年之前。在孩子长大成人之后，可自主选择合适他自己的险种为自己投保，但是保障期可相对较长。

③ 切忌重复购买。如果孩子已经上学，学校会统一为他们购买学生平安险，而一些福利好的单位也会为员工子女报销一部分医药费。因此，家长在为孩子投保商业保险前，一定要先弄清楚，孩子已经有了哪些保障，还有哪些缺口是需要由商业保险来弥补的。

④ "白纸黑字"要看清。保险公司也会在保险宣传单上刊登重要的注意事项，比如"除外责任""收益不能保障"之类。只不过，这类文字的字体经常是小六号，比宣传单一般字体小一半。因此一定要留意字号最小的部分，而往往这些才是"精华"所在。

⑤ 仔细阅读相关条款，保障权利，明晰义务。之所以大多数人觉得购买保险是一件麻烦的事，主要就是因为保险中繁杂的条款和专业术语。而业务人员推销保险时仅对险种做大概介绍，所以家长作为投保人，一定要仔细阅读条款，特别要注意保险责任、责任免除、保费交付、退保等章节。如果遇到不明白的地方，一定要在签订合同之前弄清楚，不看条款千万别签字。

⑥ 遵守"先近后远，先急后缓"的原则。少儿期易发的风险应先投保，而离少儿较远的风险就后投保。没必要一次性买全，因为保险也是一种消费，它也会根据具体情况而发生变化。

⑦ 购买豁免附加险。需要注意的是，在购买主险时，应同时购买豁免保费附加险。这样一来，万一父母因某些原因无力继续缴纳保费时，对孩子的保障也继续有效。

⑧ 保险期限不宜太长。对于很多资金不是特别宽裕的家庭来说，尤其是大人自己的养老金尚没有储备足够的情况下，考虑孩子的养老问题确实没有必要。因此，为孩子买保险时，保险期限应以到其大学毕业的年龄为宜，之后就应当由孩子自食其力了。

⑨ 对号入座自己算。对一些理财、投资类保险，预期收益往往都是建立在一种最理想的状况下的，比如公司常年高额分红等，遇到这些很有诱惑力的数据，家长不妨把预期缴纳的保费、每年的收益状况代入其条款算一算，得出比较切合实际的收益值。

⑩ 保额不要超限。为未满十周岁孩子投保以死亡为赔偿条件的保险（如定期寿险、意外险），累计保额不要超过20万元，因为超过的部分即便付了保费也无效。这是中国保监会为防范道德风险所作的硬性规定。有少数代理人为了多挣佣金，即便客户投保的金额超过了这一限额，也不加提示，所以家长应特别注意。

2. 健康保险

家庭成员是一个整体，在购买保险时应统一考虑，不同的成员有不同的保险需求，具体如下。

家里的经济支柱是重点投保对象，也就是说，给赚钱最多的人买最好、最多的保险。首先，为其买意外疾病险，万一遭遇不幸，赔偿金将给家庭设置一个保险屏障。其次，为其购买人寿保险，如其不幸去世，所投保的寿险也会全额给付养老金。最后，可为其他家人选择重大疾病和医疗保

险，以保证万一患病时不致对家庭经济造成冲击。如将要生孩子的妈妈，可以选择母婴保险，来保障母亲和孩子的安全。医疗险有普通医疗保险、大病保险和住院保险，可按照每人的实际情况选择其中的一项乃至多项。

（1）商业健康险种类

目前市场上的商业健康保险种类有以下三种。

① 以疾病发生为给付保险金条件的疾病保险，一般称为重大疾病保险。即只要被保险人确认罹患了保险条款中列出的某种疾病，无论是否发生医疗费用，也不管一共发生了多少费用，都可获得保险公司的约定额度的补偿。这种保险不需要被保险人提供相应的费用发票。

② 以意外事故或疾病而产生医疗费用为给付条件，按约定的比例给付保险金的医疗保险。即被保险人在接受医疗服务发生费用时，由保险公司按照一定比例和限额进行补偿。最常见的是住院医疗费用报销型保险，也有一些门、急诊费用报销保险。

但在目前内地的保险市场中，由于保险公司承担的风险较大，门、急诊费用保险还比较少，一般是在团体医疗或者健康险中有附加门、急诊费用保险；个人健康医疗险中门、急诊费用类保险产品很少，现在市面上销售的只有附加意外伤害门、急诊医疗保险，也就是说还没有开发由普通疾病引起的急诊保险。

③ 以意外伤害或疾病导致收入中断或减少为给付保险金条件的收入保障保险。即被保险人因意外伤害、疾病，工作能力丧失或降低时，由保险公司按照约定的标准补偿其收入损失的一种保险。也就是通常所说的住院津贴（补贴）型保险。

对于不同的人群而言，由于家庭的经济状况、肩负的家庭责任、已有的保障情况等不同，在选择时也应有所侧重，分清轻重缓急，选择不同的产品类型，而不是贪大求全。

（2）购买合适的医疗保险的方法

那如何购买称心如意的医疗保险呢？保险业专家认为可从以下三点进行考虑。

① 有社保宜买补贴型保险。王先生买了某保险公司2万元的商业医疗保险。他住院花费了12000余元，按照保险条款，他应得到保险公司近9000元赔付。但由于他从社会基本医疗保险中报销7000余元药费，保险公司最后赔付他实际费用与报销费用的差额部分5100元，这让王先生很不理解。

保险业专家说，目前市场上的商业医疗保险赔付的方式可以分为两种：一种是费用型保险，另一种是补贴型保险，王先生购买的是费用型保险。

所谓费用型保险是指保险公司根据合同中规定的比例，按照投保人在医疗中的所有费用单据上的总额来进行赔付，如果在社会基本医疗保险报销，保险公司就只能按照保险补偿原则，补足所耗费用的差额；反过来也一样，在保险公司报销后，社保也只能补足费用差额。

而补贴型保险，又称定额给付型保险，与实际医疗费用无关，理赔时无须提供发票，保险公司按照合同规定的补贴标准，对投保人进行赔付。无论他在治疗中花多少钱，得了什么病，赔付标准不变。

所以在购买医疗保险时，应该针对自身参加社保与否来决定购买哪种保险，如果没有参加社会基本医疗保险，比较适合投保费用型保险。

② 根据不同年龄段选择险种。单身一族，刚走向社会的年轻人，身体面临的风险主要来自意外伤害，加上工作时间不长，受经济能力的限制，在医疗保险的组合上可以以意外伤害医疗保险为主，配上一份重大疾病保险，后者主要是利用这个年龄段投保重大疾病保险费用低的优势，为自己做一个长远的医疗保险规划。

人过30岁就要开始防衰老，可以重点买一份住院医疗保险，应付一般性住院医疗费用的支出。进入这个时期的人具备了一定的经济基础，同时对家庭又多了一份责任感，不妨多选择一份保障额度与经济能力相适合的重大疾病保险，避免因患大病使家庭在经济上陷入困境。

③ 选择缴费方式。健康险一般有多种缴费方式，可以一次性缴清，也可以逐年分期缴费。具体的缴费方式，要根据投保人自身的经济收入和家庭情况而定。

专家建议投保重疾保险等健康险时，尽量选择缴费期长的缴费方式。虽然所付总额可能略多些，但每次缴费较少，不会给家庭带来太大的负担，加之利息等因素，实际成本不一定高于一次缴清的付费方式。

不少保险公司规定，若重大疾病保险金的给付发生在缴费期内，从给付之日起，免交以后各期保险费，保险合同继续有效。也就是说，如果被保险人在缴费第二年身染重疾，选择10年缴，实际保费只付了1/5；若是20年缴，就只支付了1/10的保费。

3. 养老保险

随着中国人口老龄化速度的加快，越来越多的人对潜在的养老危机认识也越来越清晰，此时，选择一份适合自己的养老保险已经迫在眉睫。

现在很多人都已意识到单靠国家的社会基本养老保险不能保证高品质的退休生活，为了弥补社保的不足，我们需要通过其他方式解决一部分养老金，商业养老险就是其中很重要的一种方式。

在选择商业保险制订养老计划时，首先要注重保障功能，使自己在退休后依然能够有稳定的收入，这是第一重要的功能；其次是要注重保值，也就是说要看为自己未来规划的养老金是否能满足当时的消费水平；最后是尽早投保，虽然养老是60岁以后的事情，但年纪越轻，投保的价格越低，自己的负担也就越轻。

面对五花八门的可用于未来养老金积累的保险，该如何选择？现在各家保险公司的养老险主要有以下四种形式。

（1）传统型养老险

传统型养老险利率是确定的，一般在2%～2.4%，从什么时间开始领

养老金，每月或每年领多少钱，可以领多长时间，都是投保时就可以明确选择的。这种产品相当于把年轻时的一部分钱，通过保险这种强制储蓄的方式转移给年老时的自己使用。

优势：回报固定，在出现零利率或者负利率的情况下，也不会影响养老金的回报率。

劣势：很难抵御通胀的影响。

适合人群：没有良好储蓄观念，理财风格保守，不愿承担风险的人群。

（2）分红型养老险

分红型养老险与传统型养老险不同的地方是除了保底的预定利率，到了约定的年龄每年或每月领取固定养老金外，每年还有不确定的分红。目前很多保险公司的养老产品都是这种分红型，也是客户选择比较多的养老险类型。

优势：分红从理论上讲可以抵制一定的"通胀"，使养老金相对保值并增值；养老金的领取确定、安全、专款专用。

缺点：分红不确定，客户在购买时可以参考公司过去几年的实际分红数据。

适合人群：适合对长期利率看涨、对通货膨胀因素特别敏感的人群。

（3）万能型寿险

养老金的领取不像传统养老险事先约定好领取年龄、领取金额。这一类型的保险在扣除部分初始费用和保障费用后，剩余保费进入个人投资账户，投资账户有保证的最低收益率，目前一般在2%~2.5%。投资账户除了约定的最低收益外，还有不确定的额外收益。

优势：万能险的特点是下有保底利率，上不封顶收益，可有效抵制"通胀"，存取灵活。

劣势：不适合年龄比较大的人，因为保费要先扣除保障费用、前期管理费再进入投资账户。如果年龄比较大，保障费用会非常高，实际进入投

资账户的钱就很少，万能险要终身扣保障费用，所以到了退休年龄后，家庭责任减轻时应该适当调低寿险保障额度，以获得更多的养老金。

适合人群：适合收入较高人群。

（4）投资连结保险

投资连结保险也叫"基金中的基金"，在美国、英国等发达国家，这种产品占到了市场的50%以上，但在中国还没有被客户认识和接受。"投连险"的灵活性类似于万能型寿险，与万能型寿险不同的是，万能型寿险只有一个投资账户，而"投连险"有几个风险程度不同的账户供客户选择。扣除各种费用后进入投资账户的钱盈亏由客户自负。如果客户担心有风险，可以选择银行债券账户或大额现金类账户。

优势：在兼顾保障的基础上，分享专家理财带来的收益。不同账户自由转换，以适应资本市场不同的形势。只要坚持长线投资，就会有不错的收益。

劣势：该款保险是保险产品中投资风险最高的一类产品，必须坚持长期持有。也是终身扣除保障费用，如果年轻时保额做得比较高，退休后家庭责任减轻后保额要做适当调整。

适合人群：收入高，期望高收益，风险承受力高的人群。

在选择养老保险计划时，应充分考虑目前的收入水平，并结合自己的日常开销、未来生活预期、通货膨胀等因素，做出合理的选择。专家建议，购买商业养老保险所获得的补充养老金占未来所有养老费用的25%～40%为宜。

此外，在购买养老保险时，要考虑的因素有：投保年龄、家庭收支、家族寿命、通货膨胀等。通常，养老规划制订得早，负担相对较轻。

如果考虑抵御通货膨胀因素，则应选择有增值功能的养老险。总之，各类养老保险各有所长，也各有所短，购买时可考虑相互组合，取长补短。

养老保险是较有保障的投资，可降低退休规划的不确定性，因此，每个人应根据自己的资金情况进行投资选择。

第三节 快速理赔不求人

许多人之所以不买保险，原因之一就是"投保容易理赔难"。理赔不及时不仅影响了保险消费者的利益，也使保险公司的信誉受到了损害。那么，一旦出险后，如何才能得到及时赔付？

实际上，造成保险索赔难的原因是多方面的。比如，有些投保人对于保险条款中哪些是保险责任，哪些是除外责任不了解，因此片面地认为，只要出险，保险公司就得赔。一旦属于除外责任而遇到拒赔时，就认为保险公司不讲信誉。在保险公司中也的确有一些营销员为了自身的经济利益，在推销保险时任意夸大保险责任，而对除外责任则轻描淡写或避而不谈，诱导客户盲目投保。一旦出险，容易产生赔付纠纷，给客户形成"理赔难"的印象。

为提高理赔服务质量，解决理赔不及时的问题，大多数公司都开通了快速理赔通道业务，以便于一些突发或重大事件发生时，迅速出具定损单，核定赔偿金额，快速办理赔偿手续。

投保人在选择保险公司时，应尽量选择口碑较好的公司。此外，为获得合法的支持，准确、快速索赔，要做到以下四点。

1. 及时向保险公司报案

保险索赔时的第一个环节就是报案。一般情况下，投保人应在保险事故发生10日内通知保险公司，由于各个险种的理赔时效不尽相同，所以一定要根据保险合同的规定及时报案，将保险事故发生的性质、原因和程度报告给保险公司。报案的方式有电话报案、上门报案、传真式委托报案。做到发案就报，以防自己的利益遭到损失。

2. 符合责任范围

报案后，保险公司或业务员会告知客户发生的事故是否在保险责任范围内。客户也可以通过阅读保险条款、向代理人咨询或拨打保险公司的热

线电话进行再确认。保险公司只对被保险人确实因责任范围内的风险引起的损失进行赔偿，对于保险条款中的除外责任，如自杀、犯罪和投保人与被保险人的故意行为，保险公司并不提供保障。

3. 提供索赔材料

索赔材料是保险公司理赔的依据，主要有三类：一是事故类证明，如意外事故证明、伤残证明、死亡证明、销户证明；二是医疗类证明，包括诊断证明、手术证明、处方、病理血液检验报告、医疗费用收据及清单等；三是受益人身份证明及与被保险人关系证明。

4. 注意事项

在向保险公司索赔时，需注意以下三个问题。

第一，保险期限。保险期限都是固定的，在保险事故发生后，一定要在保险期限以内提出索赔，这时索赔是有效的，否则索赔无效。

第二，索赔时效。保险受益人在出险报案后，应尽力协助保险公司调查核实保险事故的性质、个案索赔资料。《中华人民共和国保险法》第二十六条规定，人寿保险的索赔时效为5年。因此，保险事故发生后，投保方应及时向保险公司提出索赔申请。

第三，给付时限。保险公司收到投保方给付保险金的请求后，会及时核定，并将核定结果通知投保方。对属于保险责任的，在与投保方达成给付保险金额协议后10日内，将会履行给付保险金义务。

索赔并不难，只要事实清楚、证据确凿，保险公司一定会在最短的时间内给予赔偿，以维持其良好的声誉。

第四节　了解保险的种类

我国有很多种保险，分类的办法不尽相同。在这里我们主要了解保险

的五大分类方式。

1. 人身保险和财产保险

人身保险是指以人的寿命和身体为保险标的的保险。当人们遭受不幸事故或因疾病、年老以致丧失工作能力、伤残、死亡或年老退休时，根据保险合同的约定，保险人对被保险人或受益人给付保险金或年金，以解决其因病、残、老、死所造成的经济困难。

财产保险是指以财产及其相关利益为保险标的的保险，包括财产损失保险、责任保险、信用保险、保证保险、农业保险等，它是以有形或无形财产及其相关利益为保险标的的一类补偿性保险。

2. 社会保险与商业保险

社会保险是指在既定的社会政策的指导下，由国家通过立法手段对公民强制征收保险费，形成保险基金，用以对其中因年老、疾病、生育、伤残、死亡和失业而导致丧失劳动能力或失去工作机会的成员提供基本生活保障的一种社会保障制度。社会保险不以营利为目的，运行中若出现赤字，国家财政将会给予支持。

商业保险是指按商业原则经营，以盈利为目的的保险形式，由专门的保险企业经营。所谓商业原则，就是保险公司的经济补偿以投保人交付保险费为前提，具有有偿性、公开性和自愿性，并力图在损失补偿后有一定的盈余。

两者比较，社会保险具有强制性，商业保险具有自愿性；社会保险的经办者以财政支持作为后盾，商业保险的经办者要进行独立核算、自主经营、自负盈亏；商业保险保障范围比社会保险更为广泛。

3. 原保险与再保险

发生在保险人和投保人间的保险行为，称为原保险；发生在保险人与保险人之间的保险行为，称为再保险。

再保险是保险人通过订立合同，将自己已经承保的风险转移给另一个

或几个保险人，以降低自己所面临风险的保险行为。简单地来说，再保险即"保险人的保险"。

分出自己直接承保业务的保险人被称为原保险人，接受再保险业务的保险人被称为再保险人。再保险是以原保险为基础，以原保险人所承担的风险责任为保险标的的补偿性保险。无论原保险是给付性还是补偿性，再保险人对原保险人的赔付都只具有补偿性。再保险人与原保险合同中的投保人无任何直接法律关系。原保户无权直接向再保险人提出索赔要求，再保险人也无权向原保户提出保费要求。另外，原保险人不得以再保险人未支付赔偿为理由，拖延或拒付对保户的赔款；再保险人也不能以原保险人未履行义务为由拒绝承担赔偿责任。

再保险是在保险人系统中分摊风险的一种安排。被保险人和原保险人都将因此在财务上变得更加安全。利用再保险分摊风险的典型例子就是承保卫星发射保险。保险人接受特约承保后，将面临极大的风险，一旦卫星发射失败，资本较小的公司极可能因此而破产。因此他们最明智的做法是将该风险的一部分转移给其他保险人，由几个保险人共同承担。

4. 个人保险与团体保险

个人保险是为满足个人和家庭需要，以个人作为承保单位的保险。团体保险一般用于人身保险，它是用一份总的保险合同，向一个团体中的众多成员提供人身保险保障的保险。在团体保险中，投保人是"团体组织"，如机关、社会团体、企事业单位等独立核算的单位组织，被保险人是团体中的在职人员。

5. 自愿保险和强制保险

自愿保险是投保人和保险人在平等互利、等价有偿的原则基础上，通过协商，采取自愿方式签订保险合同建立的一种保险关系。具体来讲，自愿原则体现在：投保人可以自行决定是否参加保险、保什么险、投保金额多少和起保的时间；保险人可以决定是否承保、承保的条件以及保费多

少。当前世界各国的绝大部分保险业务都采用自愿保险方式办理，我国也不例外。

强制保险又称法定保险，是指根据国家颁布的有关法律和法规，凡是在规定范围内的单位或个人，不管愿意与否都必须参加的保险。如旅行社责任险、旅游意外保险、建筑工人意外伤害险、煤矿工人意外伤害险、铁路旅客意外伤害险，等等。

第五节　投保的基本原则

保险是以契约形式确立双方经济关系，以缴纳保险费建立起来的保险基金，对保险合同规定范围内的灾害事故所造成的损失，进行经济补偿或给付的一种经济形式。

保险是现代家庭投资理财的一种明智选择，是家庭未来生活保障的需要。购买保险要根据自己的经济实力，选择最适合自己的保险项目及保险金额。大多数的投保人都想多投保、多保障、多获益，但是保险也不是越多越好。投保是需要成本的，投保的根本原则是以尽可能小的代价获得较全面的保险。所以在买保险的时候还要遵循以下基本原则。

1.需求决定险种

按照需求选择就是根据目前所面临的风险种类选择相应险种。市面上针对家庭和个人的商业险种非常多，并不是每个都适应自己。必须识别目前所面临的风险，根据风险种类和发生的可能性来选择险种。例如，家庭中男主人是主要收入者，且从事危险程度较高的工作，则此家庭的首要保险就应该是男主人的生命和身体的保险。

2.量力而行，确定保险金额

一般来说，财产保险金额应当与家庭财产保险价值大致相等。如果保

险金额超过保险价值，合同中超额部分是无效的；如果保险金额低于保险价值，除非保险合同另有约定，保险公司将按照保险金额与保险价值的比例承担赔偿责任或只能以保险金额为限赔偿。

如一台电视机的价值是2000元，投保人投保的保险金额却是3000元，那么，其超出的1000元是无效的，一旦保险事故发生，保险公司最多也只是支付2000元赔偿。

人身保险的保险金额一般由投保人自己确定，有的可以投保多份，投保人必须考虑自己的支付能力，不能为追求高额保险金而不考虑自己的经济能力。否则，一旦出现不能承担保险费的情况，不但保险成了泡影，已缴的保险费也将有很大损失。

3. 人财兼顾，适当搭配

对一个普通家庭来说，亲人健康平安是最大的幸福，美好的生活靠家庭成员的双手共同创造。因此，参加保险时要以人为重，特别是首先考虑家庭中的支柱。至于家庭财产，"钱财乃身外之物"的观念固然潇洒，但物质生活满足同样是我们的追求，提高家庭生活质量是我们投资的目的。能够用较少的支出换来家庭财产的安全、减轻心理和经济压力也有必要。所以，在有条件的情况下，要人财兼顾，先保人身险，但也别忽视财产险。

4. 高额损失先投保

在投保过程当中，保险公司一般都有一个免赔额，低于免赔额的损失保险公司是不会赔偿的，因此我们在选择投保项目的时候，优先考虑的是一些发生频率高、损害性大的项目，对于较小的损失，自己能承担得了的，一般不用投保。

5. 诚实填写合同，及时合理变更内容

在填写保险合同之前，要看合同保障是不是很全面，有没有说明免责条款，如各保险公司的重大疾病保险条款规定的重大疾病包括哪些，什

么才算意外保险等。通常情况下，我们应选择保障范围广的产品，比如看看常见的烧伤、烫伤等意外是否被列入保险责任等。在填写合同时，要本着诚实的原则，不隐瞒病史等情况，以免在具体理赔时遇到麻烦，得不偿失。

6. 买保险越早越好

年轻时买些保险，不仅能更早地得到保障，而且费率相对较低，缴费的压力也相对较轻。而随着岁数增大，不仅保障晚，费用高，更糟的是还可能被保险公司拒保。一般情况下27岁以上职业相对稳定的年轻人，就可以开始考虑自己的养老计划。这时候保费相对不高，又不会给个人经济造成过重的压力。只要具备了条件，就趁早给自己准备一份充足的养老险，这不失为明智之举。

7. 轻易不要退保

退保后将遭受较严重的损失：一是没有了保障；二是退保时往往拿回的钱少，会有一定损失；三是万一以后要投保新保单，则要按新年龄计算保费，年龄越大，保费越高，同时还需考虑身体状况，有时还要加费处理。因此，在投保前一定要想清楚再签订合同，而且保险公司规定在保单签订的10天之内是一个犹豫期，一旦你觉得不合适，就立即退保，不要等到交了一部分保费之后，再要求退保，这样半途而废，自己的损失是很大的。

如果实在急需用钱，下面介绍两种方法可以减少损失：第一，投保人可以书面形式向保险公司申请贷款；第二，变更为减额缴清保费。按照一般规定，投保人未能在保费到期日后60天之内交纳保险费，保险合同效力将中止，保险公司暂不承担保险责任，但投保人仍有两年的时间可以申请恢复合同效力。因此经济状况好转时还可以申请合同复效，复效的保单仍以投保时的费率为基础计算保费。这种做法与重新投保相比，保费不会因年龄增长而增加。

第九章

债券投资：将风险指数降到最低的投资方式

第一节　了解债券投资

债券，简单地说，就是代表债务关系的凭证。一个人持有债券，表明他是债券中所标明的钱款的债权人，拥有在债券中约定的未来某一时间取回钱款并获得利息收入的权利。债券的发行人，则是这笔钱款的债务人，表明他享有这些资金一定时期的使用权，并且承担按期归还钱款，支付一定利息的义务。具体地说，债券可以从债权人和债务人两个方面定义。从债权人的角度来看：债券是证明持有人有权按期取得固定利息和到期收回本金的凭证；从债务人的角度来看：债券是国家、地方政府、金融机构或公司企业为筹集资金，按法定程序发行并承担在指定时间支付利息和偿还本金义务的有价证券。

债券是政府、金融机构、工商企业等机构直接向社会借债筹措资金时，向投资者发行，并且承诺按一定利率支付利息并按约定条件偿还本金的债权债务凭证。债券的本质是债的证明书，具有法律效力。债券购买者与发行者之间是一种债券债务关系，债券发行人即债务人，投资者（或债券持有人）即债权人。

通常来说，债券市场是由一级市场和二级市场组成的。债券一级市场又叫债券发行市场，是由政府机关、金融机构、企业等资金需求者筹措资金发行的新债券；债券二级市场又叫债券流通市场，是指已经持有发行债券的投资者买卖、变现债券所形成的市场。

债券市场也可以由银行间债券市场、交易所债券市场、银行柜台债券市场三部分组成。这三个市场相互独立、各有侧重。例如，投资者到银行购买凭证式国债（不能流通）和记账式国债（可以流通），面对的就是银

行柜台债券市场；而如果去证券交易所买卖债券，面对的就是交易所债券市场。

债券的种类繁多，且随着人们对融资和证券投资的需要又不断创造出新的债券形式，在现今的金融市场上，债券的种类可按发行主体、发行区域、发行方式、期限长短、利息支付形式、有无担保和是否记名等进行区分。

1.按发行主体分类

根据发行主体的不同，债券可分为政府债券、金融债券和公司债券三大类。

第一类是由政府发行的债券，称为政府债券。它的利息享受免税待遇，其中由中央政府发行的债券也称公债或国库券，其发行债券的目的是弥补财政赤字或投资于大型建设项目；而由各级地方政府机构如市、县、镇等发行的债券就称为地方政府债券，其发行目的主要是为地方建设筹集资金，因此都是一些期限较长的债券；在政府债券中还有一类称为政府保证债券的，它主要是为一些市政项目及公共设施的建设筹集资金而由一些与政府有直接关系的企业、公司或金融机构发行的债券，这些债券的发行均由政府担保，但不享受中央和地方政府债券的利息免税待遇。

第二类是由银行或其他金融机构发行的债券，称为金融债券。金融债券的发行一般是为了筹集长期资金，其利率也一般要高于同期银行存款利率，而且持券者需要资金时可以随时转让。

第三类是公司债券，它是由非金融性质的企业发行的债券，其发行目的是筹集长期建设资金，一般都有特定用途。按有关规定，企业要发行债券必须先参加信用评级，级别达到一定标准才可发行。因为企业的资信水平一般而言比不上金融机构和政府，所以公司债券的风险相对较大，因而其利率一般也较高。

2. 按发行的区域分类

按发行的区域划分，债券可分为国内债券和国际债券。国内债券，就是由本国的发行主体以本国货币为单位在国内金融市场上发行的债券；国际债券则是由本国的发行主体到别国或国际金融组织等以外国货币为单位在国际金融市场上发行的债券。如我国的一些公司在日本或新加坡发行的债券都可称为国际债券。由于国际债券属于国家的对外负债，所以本国的企业如到国外发债事先需征得政府主管部门的同意。

3. 按期限长短分类

根据偿还期限的长短，债券可分为短期、中期和长期债券。一般的划分标准是：期限在1年以下的为短期债券，期限在10年以上的为长期债券，而期限在1年到10年之间的为中期债券。

4. 按利息的支付方式分类

根据利息的不同支付方式，债券一般分为附息债券、贴现债券和普通债券。附息债券是在它的券面上附有各期息票的中长期债券，息票的持有者可按其标明的时间期限到指定的地点按标明的利息额领取利息。息票通常以6个月为一期，由于它在到期时可获取利息收入，息票也是一种有价证券，因此它也可以流通、转让。贴现债券是在发行时按规定的折扣率将债券以低于面值的价格出售，在到期时持有者仍按面额领回本息，其票面价格与发行价之差即为利息。除此之外的就是普通债券，它按不低于面值的价格发行，持券者可按规定分期分批领取利息或到期后一次领回本息。

5. 按发行方式分类

按照是否公开发行，债券可分为公募债券和私募债券。公募债券是指按法定手续，经证券主管机构批准在市场上公开发行的债券，其发行对象是不限定的。这种债券由于发行对象是广大的投资者，因而要求发行主体必须遵守信息公开制度，向投资者提供多种财务报表和资料，以保护投资者利益，防止欺诈行为的发生。私募债券是发行者向与其有特定关系的少

数投资者为募集对象而发行的债券。该债券的发行范围很小，其投资者大多数为银行或保险公司等金融机构，它不采用公开呈报制度，债券的转让也受到一定程度的限制，流动性较差，但其利率水平一般较公募债券要高。

6. 按有无抵押担保分类

债券根据其有无抵押担保，可以分为信用债券和担保债券。信用债券亦称无担保债券，是仅凭债券发行者的信用而发行的没有抵押品作担保的债券。一般政府债券及金融债券都为信用债券。少数信用良好的公司也可发行信用债券，但在发行时须签订信托契约，对发行者的有关行为进行约束限制，由受托的信托投资公司监督执行，以保障投资者的利益。担保债券指以抵押财产为担保而发行的债券，具体包括：以土地、房屋、机器、设备等不动产或动产为抵押担保品而发行的抵押公司债券，以公司的有价证券（股票和其他证券）为担保品而发行的抵押信托债券和由第三者担保偿付本息的承保债券。当债券的发行人在债券到期而不能履行还本付息义务时，债券持有者有权变卖抵押品来清偿抵付或要求担保人承担还本付息的义务。

7. 按是否记名分类

根据在券面上是否记名的不同情况，可以将债券分为记名债券和无记名债券。记名债券是指在券面上注明债权人姓名，同时在发行公司的账簿上作同样登记的债券。转让记名债券时，除要交付票券外，还要在债券上背书和在公司账簿上更换债权人姓名。而无记名债券是指券面未注明债权人姓名，也不在公司账簿上登记其姓名的债券。现在市面上流通的一般都是无记名债券。

8. 按发行时间分类

根据债券发行时间的先后，可以分为新发债券和既发债券。新发债券指的是新发行的债券，这种债券都规定有招募日期。既发债券指的是已经发行并交付给投资者的债券。新发债券一经交付便成为既发债券。在证券

交易部门既发债券随时都可以购买，其购买价格就是当时的行市价格，且购买者还需支付手续费。

9.按是否可转换分类

债券又可分为可转换债券与不可转换债券。

可转换债券是能按一定条件转换为其他金融工具的债券，而不可转换债券就是不能转化为其他金融工具的债券。可转换债券一般是指可转换公司债券，这种债券的持有者可按一定的条件根据自己的意愿将持有的债券转换成股票。

债券投资的主要特点有以下三点：

第一，安全性高。债券的特点是在发行时就已经约定到期后应该支付的本金和利息，所以收益稳定，尤其是国债，因为是政府发行的，所以几乎没有风险。

第二，收益高于银行储蓄。这主要是因为债券利率高于银行储蓄利率，并且还可以在此基础上根据债券价格变动买卖债券，从中赚取一部分差价。

第三，流动性强。上市交易的债券随时可以买进卖出，具有很强的流动性。

第二节　债券投资的收益

债券投资的目的是追求较高的投资收益率。为此，明确债券投资的收益究竟从哪里来、怎样才能获得一个较高的债券投资回报率是非常有必要的。

债券投资收益主要由两部分构成：一部分来自债券本身的利息收入，另一部分来自从债券市场买卖中赚取的差价。不用说，债券的利息收入是

固定的，而债券的买卖差价则受市场价格波动影响较大。

债券的净价交易是指以不含利息的价格进行的交易。与此相应，全价交易是以包含利息的价格进行的交易。净价交易由于不含利息，所以交易时要将债券的价格和应计利息分开，价格反映的是本金市值的变化，利息依据票面利率按天计算，债券持有人享有持有期内的利息收入。这两者之和就是债券买卖价格，也就是说，债券报价采用的是净价，而交割价格则为全价。

全价交易已经包含应计利息，这里的应计利息是指从上次付息日到购买日债券孳生的利息。计算公式为：

$$应计利息额＝票面利率÷365×已计息天数$$

其中，应计利息额对于零息债券来说是指发行起息日至交割日所含利息金额，对于附息债券来说是指本付息期起息日至交割日所含利息金额；票面利率对于固定利率债券来说是指发行票面利率，对于浮动利率债券来说是指本付息期计息利率；一年按365天计算，如遇闰年2月29日，这天不计利息；已计息天数是指起息日至交割当日实际日历天数。

债券净价和全价之间的关系是：净价＝全价－应计利息。目前，我国的债券交易基本上采取净价报价，而行情显示则包括债券全价、净价、应计利息额等项。这种交易方式的好处是价格中不含应计利息，更能准确体现债券本身的内在价值、供求关系及市场利率变动趋势。

影响债券投资收益的主要因素有以下四点。

1. 债券的票面利率

债券的票面利率越高，说明这种债券的利息收入越高，即这种债券的收益越高。

投资者都希望买到票面利率高的债券，但债券票面利率的高低最终要取决于发行这种债券时的市场利率状况、债券期限长短、发行者的信用水平、债券的流动性大小等因素。具体地说，发行这种债券时的市场利率水

平越高、债券期限越长，票面利率就越高；发行者信用水平越好、债券流动性越好，票面利率就越低。

债券的票面利率有固定利率和浮动利率之分。浮动利率的债券会随市场利率的变动而变动。固定利率的债券虽然不考虑市场利率变动因素，其筹资成本和投资收益可以事先算出来，但投资者同样会面临一种风险，就是当市场利率上升时，债券发行人有可能会以更高的票面利率发行债券，从而使投资者所拥有的债券收益相对降低，引发债券价格的相应下跌；当然，如果市场利率下跌，也可能会引发反向变化，使投资收益增加。

2. 市场利率和债券价格

市场利率和债券价格之间的关系是反向的，即当整个货币市场上的利率升高时，债券价格会下降，债券投资效益会减少；当整个货币市场上的利率降低时，债券价格会上升，债券投资效益会增加。

当债券价格上升到超过面值或下跌到跌破面值时，债券投资收益率就会与票面利率呈剪刀差关系。具体地说，当债券价格高于面值时，表明这时候的债券收益率低于票面利率；当债券价格低于面值时，表明这时候的债券收益率高于票面利率。

3. 债券投资成本的高低

债券的投资成本主要包括购买成本、交易成本、税收成本三个部分，它是对债券投资收入的一种扣除。债券的投资成本越高，说明债券投资收入越低。

购买成本是指买入这种债券时所支付的总金额，也叫本金；交易成本就是买卖这种债券时所要支付的佣金、成交手续费、过户手续费等，是构成债券投资的第二重成本；税收成本是指买卖债券所要支付的税金。根据现行规定，国债的利息收入是免税的，而企业债券的利息收入是要纳税的，如果是机构投资者，还需缴纳营业税。

4. 市场供求关系、货币政策和财政政策

市场供求关系、货币政策和财政政策的变化会对债券价格产生影响。而投资者买入债券时价格的高低直接影响债券投资成本的大小，投资者卖出债券时价格的高低又会直接影响债券投资收入的大小。所以，这三项因素是决定债券投资收益的重要因素。

债券投资收益的大小是通过债券收益率指标来衡量的。债券收益率是债券收益与其投入本金的比率。由于债券期限不一，所以债券收益率必须统一以年利率来表示。

从债券投资收益的组成来看，债券收益率与债券票面利率是两个不同的概念，它除了债券票面利息收入外，还包括债券买卖可以获得的差价收入，当然这种差价也可能是负值。

决定债券收益率高低的主要因素有债券的票面利率、期限、面值、买入价格。其计算公式为：

债券收益率＝（到期本息和－发行价格）/（发行价格×偿还期限）－
　　　　　100%

由于债券可能会在偿还期到期之前交易过手，所以针对不同的债券投资对象，还应分别确定从各自角度出发的不同债券收益率。其计算公式为：

债券出售者的收益率＝（卖出价格－发行价格＋持有期间的利息）/（发行
　　　　　价格×持有年限）×100%

债券购买者的收益率＝（到期本息和－买入价格）/（买入价格×剩余
　　　　　期限）×100%

债券持有期间的收益率＝（卖出价格－买入价格＋持有期间的利息）/
　　　　　（买入价格×持有年限）×100%

为了简单起见，上述计算公式都没有考虑把债券投资中获得的利息进行再投资的收益因素，而实际上那是可以再投资的。如果把所获得的债券投资利息进行再投资所得到的收益也计算在内，这样计算出来的债券投资

收益率就被称为复利收益率，其同样具有储蓄投资的复利效应。

第三节　债券投资的风险

任何投资都是有风险的，风险不仅存在于价格变化之中，也可能存在于信用之中。因此正确评估债券投资风险，明确未来可能遭受的损失，是投资者在投资决策之前必须要做的工作。

在债券市场中，不同投资者的收益是不尽相同的，其中存在着投资技巧的问题。尽管和股票相比，债券的利率一般是固定的，但人们进行债券投资和其他投资一样，仍然是有风险的。

风险意味着可能的损失，认为投资就一定会有盈利的想法是幼稚和可笑的。因此在对债券进行分析之前，我们有必要首先来了解一下投资债券的风险何在。下面我们来看一看，如果投资债券，可能会面临哪几个方面的损失，同时如何去避免它。

债券投资的风险主要表现在以下六个方面。

1. 违约风险

违约风险（信用风险）是指债券发行人到期不能偿还本金、支付利息时投资者会遭受的损失。这种风险是客观存在的。

一般来说，国家财政部发行的国债由于有政府信用作担保，所以可认为"没有"违约风险，人们称为"金边债券"。除此以外，一些机构、企业发行的债券就有一定的违约风险。违约风险的存在需要与更高的收益率相对应，这也符合"高风险、高回报"的投资原则，从而弥补可能造成的损失。

有鉴于此，投资者在购买债券时应当认真考察债券发行人的信誉。尤其是在购买企业债券时，一定要考察该公司的经营情况和以往的债务发

行、偿还信誉。

2. 利率风险

利率风险是指市场利率变动给债券投资者造成的损失。

这里的利率风险有两种：一种是市场利率的变化会直接影响债券价格，从而使投资者在买卖债券时减少收益。在市场利率的影响下，即使没有违约风险的国债也不例外，也就是说国债投资同样存在这种利率风险。另一种就是上面所说的，债券票面上的固定利率和浮动利率可能会带来今后发行的债券利率变化，从而给投资者造成某种潜在损失。

因此，投资者在进行债券投资时，在购买的债券期限上要注意长短期搭配，尽量不购买同一种期限的债券。道理很简单，债券投资的利率风险主要和投资期限有关，期限过长，利率调整的不确定性因素就多。长、短期结合，在规避利率风险方面就容易掌握主动权。

3. 购买力风险

购买力风险是债券投资中最常见的风险，是指由于通货膨胀因素导致未来购买力下降所造成的风险。具体地说，如果没有通货膨胀因素，债券票面所载明的收益率就是实际收益率；而在通货膨胀条件下，债券票面载明的收益率要在扣除通货膨胀率以后才算是投资者的实际收益率。

通货膨胀是客观存在的，或大或小，所以投资者无法消除这种风险，但可以通过分散投资使得这种风险在其他投资收益较好的品种上得到弥补。当然，要想追求较高的投资收益率，就必然要承担其他投资风险，这也是很现实的。

4. 变现能力风险

变现能力风险是指投资者在短期内无法以合理的价格卖出债券，变成现金。不用说，当投资者在买入债券后又遇到其他非常理想的投资机会，想卖出债券投资将资金用在其他品种上时，如果一时卖不出去或者无法以合理的价格成交，这就意味着变现能力风险。这时，投资者面临两种选

择：放弃其他投资机会或低价抛售。

有鉴于此，投资者在选择债券投资品种时，应尽量选择交易活跃的热门债券，避免交易量很小的冷门债券。或者在进行债券投资的同时拥有一定数量的现金，以备急用。毕竟若债券投资的持有期短，中途卖出也会降低投资收益率。

5. 再投资风险

再投资风险是指投资者购买债券后，用定期收到的利息收入和到期偿还的本金再投资时，由于市场环境发生变化，这时再投资所获得的收益率还没有初始投资收益率高，从而造成再投资风险。

有鉴于此，投资者要注意债券期限的长短期搭配。

6. 经营风险

经营风险是指债券发行人在经营管理过程中可能发生失误，导致债券投资者蒙受损失的风险。

投资者在选择债券投资品种时，要对该债券的发行人背景（包括盈利和偿债能力）进行分析，尤其是在面对收益率较高、投资风险较大的债券投资时，一定要保持清醒的头脑。

根据上述分析容易看出，投资风险从小到大的债券品种分别是国债、金融债券、地方公债和企业债券。

国债主要包括国库券、国家重点建设债券等，它们的共同特点是由国家财政部门发行，基本没有风险。

金融债券是由专业银行机构发行的，而银行在老百姓心目中有着可靠信誉。一般来说，银行不太可能会到期无力还本付息，所以投资这种债券基本上没有风险。

地方公债是指由省、自治区、直辖市政府发行的，主要用于地方专项建设（如公路建设、危房改造等）的债券。这种债券的利率较高，并且一般由地方政府做担保，所以风险不大，适合短期投资。

企业债券是指由企业发行、用于企业再生产和再投资，具有集资性质的债券。虽然这种债券发行由银行和信誉较好的大企业担保，但如果出现再生产、再投资后经营不善甚至破产倒闭等情况，也是很麻烦的。所以，投资这种债券比投资上述债券品种的风险都要大。

附带一提的是，在我国，企业债券和公司债券是两个不同的概念：企业债券是指国有独资企业、国有控股企业发行的债券，其中同样含有"政府信用"在内，其投资风险要小于公司债券；而公司债券是指股份有限公司、有限公司为筹措长期资金向公众发行的债券。西方国家由于只有股份公司才能发行企业债券，所以这两个概念是一致的。

第四节　债券投资的基本渠道

在了解了债券投资的收益和风险特点后，接下来投资者应考虑怎样才能买到适合自己投资风格和意愿的债券。

关于这个问题，需要从以下两个方面来讨论。

1. 债券投资渠道

不同的债券投资渠道适合于不同的投资者，而不同的债券投资者也会选择自己喜欢的投资渠道。

债券投资渠道主要包括一级债券市场和二级债券市场。

（1）一级债券市场

个人投资者和机构投资者在一级债券市场上购买债券，主要有以下五种渠道：

① 在凭证式国债、面向银行柜台债券市场发行的记账式国债发行期间，在银行柜台认购。

② 委托有资格的证券公司，通过证券交易所交易系统直接认购在证券

交易所债券市场发行的记账式国债，或向认定的国债承销商直接认购。

③ 机构投资者通过结算代理银行，向指定的债券承销商认购在银行间债券市场发行的记账式国债、政策性金融债（个人投资者不能认购）。

④ 个人投资者在公告发行企业债券的营业网点认购企业债券，机构投资者在承销商指定的地点认购企业债券。

⑤ 通过证券交易所的证券交易系统，上网申购网上定价发行的可转换债券。

（2）二级债券市场

个人投资者和机构投资者在二级债券市场上购买债券，主要有以下三种渠道：

① 通过商业银行柜台进行记账式国债交易。

② 除商业银行机构以外的投资者，可以通过证券交易所买卖记账式国债、上市企业债券、可转换债券。

③ 机构投资者可通过银行间债券市场买卖记账式国债、政策性金融债券、央行票据、其他经批准上市的债券。

归纳起来，我国债券市场的三大组成部分（银行间债券市场、证券交易所债券市场、银行柜台债券市场）既相互独立又各有侧重，具体参与主体情况为：银行间债券市场的主体是个人、机构投资者（包括商业银行）；证券交易所债券市场的主体是个人、机构投资者（商业银行除外）；银行柜台债券市场的主体是在商业银行开户的个人、机构投资者。

2. 债券投资方法

投资者要想买到适合自己的债券，除了看债券投资渠道外，还要看债券投资目的。不同的债券投资目的适合不同的投资者，不同目的的债券投资者也会选择适合自己的债券投资方法。

债券的投资方法主要包括完全消极投资法、完全积极投资法和部分主动投资法。

（1）完全消极投资法

完全消极投资法也叫购买持有法，即买入债券后就把它当作银行储蓄看待，不考虑卖出。采用完全消极投资法的目的是通过这种投资方式获得比较稳定的利息收入。

选择这种投资方式的投资者分两种情况：一种是对债券投资的性质并不十分了解，把债券投资当作银行储蓄，认为两者之间没有多大差别；另一种是虽然对债券投资的性质和市场性质比较了解，可是由于没有太多时间，所以抱着一种无为而治的态度长期持有。

实际上，债券投资中确实有些品种适合这类投资者，如凭证式国债、记账式国债以及一些风险较小的企业债券等。尤其是记账式国债、在交易所上市交易的企业债，它们的流动性大，更容易变现，从而投资风险更小，收益也相对稳定。

（2）完全积极投资法

完全积极投资法与完全消极投资法相反，其目的很明确，就是希望债券价格有一个比较大的波动，并且在这种波动中买进卖出，以获取更多的价格差额。

选择这种投资方式的投资者属于债券市场中的"弄潮儿"，凭借自己对债券市场运行规律的深刻了解和预测能力，低吸高抛。经营得好，获利颇丰；经营不好，投资风险就很大，甚至会遭受较大损失。

（3）部分主动投资法

部分主动投资法介于完全消极投资法和完全积极投资法之间。投资这种债券的目的主要是获取利息收入，但也不排除在价格波动剧烈、机会来临时短期炒作一把，获取价格波动差价。

选择这种投资方式的投资者的特点是对债券市场的运行规律和预测能力掌握得比较好，但由于没有时间处理，所以只好视情况而定。无论从收益还是从风险角度看，部分主动投资法都有可能高于完全消极投资法，而低于完全积极投资法。

归纳起来，个人投资债券要讲究组合方式，即根据个人和家庭情况安排债券投资的不同期限组合。

第一，如果是短期闲散资金，可以考虑购买记账式国债或无记名国债，因为这两种债券都可以上市流通，价格随行就市，容易变现。

第二，如果是3年以上的闲散资金，可以考虑购买中长期债券，因为债券期限越长，其利息收入越高。

第三，如果投资者想拥有稳定的债券投资收益率，那么可以把资金分成三等份，分别购买期限为1年、2年、3年的债券，这样每年都会有1/3的债券到期，从而保证每年的投资收益相对稳定。另一种投资方式是偏向于购买短期债券或长期债券，尽量少买中期债券。

第五节　债券与其他投资方式的联系与区别

随着经济的发展，人们投资的渠道越来越多。在众多的投资方式中，到底选择哪一种最为有利？要正确进行决策，就必须像进入商场购物一样"货比三家"，对各种投资方式追根究底，深入了解。

我们平常所说的证券市场是由股票市场、债券市场及其衍生出来的基金市场和其他金融衍生产品所组成的。股票、债券、基金是证券市场中的主要投资工具。如今，储蓄、债券和股票已成"三足鼎立"之势，在投资参与人数和投资规模上都有较大的差别。下面对这三种投资方式进行一番比较，初步了解它们之间的联系与区别，同时也进一步加深对债券的认识。

1. 债券和股票的联系与区别

股票是股份公司发给投资者作为投资入股的所有权凭证，购买股票

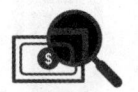

者就成为公司的股东，股东凭此取得相应的权益，并承担相应的责任与风险。由此可见，债券与股票同为有价证券，都是一种虚拟资本，是经济运行中实际运用的真实资本的证书，都起到募集社会资金，将闲散资金转化为生产和建设资金的作用。同时，股票和债券都可以在市场上流通，投资者通过投资股票和债券都可获得相应的收益。

不过，虽然同为有价证券，债券与股票的区别也是极为明显的。主要体现在以下五个方面。

（1）筹资的性质不同

债券的发行主体可以是政府、金融机构或企业（公司）；股票的发行主体只能是股份有限公司。

债券是一种债权债务关系证书，反映发行者与投资者之间的资金借贷关系，投资者是债权人，发行债券所筹集的资金列入发行者的负债；而股票是一种所有权证书，反映股票持有人与其所投资企业之间的所有权关系，投资者是公司的股东，发行股票所筹措的资金列入公司的资本。

由于筹资性质不同，投资者享有的权利也不同。债券投资者不能参与发行单位的经营管理活动，只能到期要求发行者还本付息；股票持有人作为公司的股东，有权参加股东大会，参与公司的经营管理活动和利润分配，但不能从公司资本中收回本金，不能退股。

（2）存续时限不同

债券作为一种投资是有时间性的，从债券的要素来看，它是事先确定期限的有价证券，到一定期限后就要偿还。股票是没有期限的有价证券，企业无须偿还，投资者只能转让不能退股。企业唯一可能偿还股票投资者本金的情况是，如果企业破产，并且债务已优先得到偿还，根据资产清算的结果投资者可能得到一部分补偿。相反，只要发行股票的公司不破产清算，那么股票就永远不会到期偿还。

（3）收益来源不同

债券投资者从发行者手中得到的收益是利息收入，债券利息固定，属于公司的成本费用支出，计入公司运作中的财务成本。在进行债券买卖时，投资者还可能得到资本收益。对于大多数债券品种来说，由于它们在发行时就会定下在什么时间以多高的利率支付利息或者偿还本金，所以投资者在买入这些债券的同时，往往就能够准确地知道，如果自己持有债券到期的话，未来收到现金的时间和数量。相反，卖出这些债券的投资者也会清楚地了解，由于卖出债券而放弃的未来现金收入。由于这一原因，债券投资一直深受固定收入者的喜爱，如领退休金者、公务员等。

股票投资者作为公司股东，有权参与公司利润分配，得到股息、红利，股息和红利是公司利润的一部分。在股票市场上买卖股票时，投资者还可能得到资本收益。事实上，很大一部分股票投资者投资并不着眼于得到股息和红利收入，而是为了得到买卖股票的价差收入，即资本收益。而且，有过投资股票经历的投资者大多会体会到股票投资的最大特点，就是其价格和股息的不确定性，这也是股票投资的魅力之一。由于股息取决于股份公司的获利情况，这是投资者所无法控制的；而且就算公司获得盈利，是否进行分配也需要召开股东大会来决定，未知因素很多，因此股票价格波动比较频繁。

（4）价值的回归性

债券投资的价值回归性，是指债券在到期时，其价值往往是相对固定的，不会随市场的变化而波动。例如，对于贴现债券来说，其到期价值必然等于债券面值；而到期一次还本付息债券的到期价值，必然等于面值加上应收利息。

但是股票的投资价值依赖于市场对相关股份公司前景的预期或判断，其价格在很大程度上取决公司的成长性，而不是其股息分配情况。我们经常可以看到，一个股息支付情况较好的公司，其市盈率也较低。而且从理

论上讲，一只股票的价格可以是零到正无穷大之间的任意值。

股票投资的价格计算基于市盈率和该只股票的每股收益，而债券投资的价格计算则是基于该只债券的未来各期现金流以及相对应的贴现率。

举例来说，彼得把自己的闲余资金分别投资在股票和债券两个市场，某一个星期一，他发现他持有的一只股票价格上涨到了16元，原因是该股票发行公司的年报显示其每股收益达到了1元，彼得根据市场的平均20倍市盈率，判断该股票的价值应该在20元左右，因此选择了继续买进。

当天，一只剩余期限还有5年的固定利率债券的价格涨到了106元，彼得按照固定利率债券到期收益率的计算公式发现这只债券的到期收益率只有2.7%。彼得觉得已经涨到顶了，因此选择了卖出所持有的这只债券。

我们可以看到，股票和债券由于其本质上的区别，导致其投资策略决定是完全不同的两个过程。

（5）风险性不同

无论是债券还是股票，都有一系列的风险控制措施，如发行时都要符合规定的条件，都要经过严格的审批，证券上市后要定期并及时发布有关公司经营和其他方面重大情况的信息，接受投资者的监督。债券和股票作为两种不同性质的有价证券，其投资风险差别是很明显的。且不说国债和投资风险相当低的金融债券，即使是公司（企业）债券，其投资风险也要比股票投资风险小得多。其主要原因有两个：

① 债券投资资金作为公司的债务，其本金和利息收入有保障。企业必须按照规定的条件和期限还本付息。债券利息作为企业的成本，其偿付在股票的股息、红利之前；利息数额事先已经确定，企业无权擅自变更。一般情况下，债券的还本付息不受企业经营状况和盈利数额的影响，即使企业发生破产清算的情况，债务的清偿也先于股票。

股票投资者作为公司股东，其股息和红利属于公司的利润。因此，股息与红利的多少事先无法确定，其数额不仅直接取决于公司经营状况和

盈利情况，而且取决于公司的分配政策。如果企业清算，股票持有人只有等到债券持有人及其他债权人的债务充分清偿后，才能就剩余资产进行分配，很难得到全部补偿。

② 债券和股票在二级市场上的价格同样会受各种因素的影响，但两者波动的程度不同。一般来说，债券由于其偿还期限固定，最终收益固定，因此其市场价格相对稳定。二级市场上债券价格的最低点和最高点始终不会远离其发行价和兑付价这个区间，价格每天上下波动的范围也比较小。正因为如此，债券"炒作"的周期要比股票长，"炒作"的风险也要比股票小得多。

股票价格的波动比债券要剧烈得多，其价格对各种"消息"极度敏感。不仅公司的经营状况直接引起股价的波动，而且宏观经济形势、市场供求状况、国际国内形势的变化，甚至一些"小道消息"也能引发股市的大起大落，因此股票市场价格涨落频繁，变动幅度大。这些特点对投机者有极大的吸引力，投机的加剧又使股市波动加剧。因此，股票炒作的风险极大，股市也成为"冒险家的乐园"。

投资的高风险应当是与高收益联系在一起的，因此从理论上来说，投资股票的收益也应当比投资债券收益高，但这是从市场预期收益率来说的，对于每个投资者则不尽然，特别是在我国股市尚不成熟的情况下。

2. 债券投资与储蓄的比较

（1）债券与储蓄的相似之处

① 债券与储蓄都体现一种债权债务关系。储蓄是居民将货币的使用权暂时让渡给银行或其他金融机构的信用行为，资金的让渡者是债权人，而银行或其他金融机构是债务人。债券投资则是投资者将资金的使用权暂时让渡给债券发行人的信用行为，债券发行人即债务人是政府、金融机构或企业。

② 到期后都要归还本金。债券和储蓄存款（活期存款除外）都有规定

的期限，到期后归还本金。

③ 都能够获得预期利息收益。债券和储蓄存款都可事先确定适用利率或计算方法，到期后取得规定的利息收入。

（2）债券投资与储蓄存款的区别

① 安全性不同。债券投资的债务人是政府、金融机构和企业，而储蓄存款债务人是银行和其他金融机构。债务人的不同使二者安全性存在差异。从整体上来看，储蓄存款安全性高于债券。

我国的银行信用程度很高，有国家和中国人民银行严格的监管及自身的风险防范预警机制，银行倒闭的风险极小，所以，银行存款是安全、可靠的一种资金增值方式（当然，对于一些机构的违规高息揽存的安全性应另当别论）。

债券的安全性与其发行主体有密切关系。一般来说，政府债券因为其发行人是政府，以财政作担保，所以其安全性最高。金融债券的发行基础是银行信用，其安全性与储蓄存款基本相同。而企业债券发行者为各类企业，数量众多而不同企业的资金实力、经营状况不同，其安全性相对较差，投资者要承担因企业亏损、破产而不能及时或按规定条件还本付息的风险。当然，企业债券的风险得到了严格的控制。我国对企业债券的发行有相应的规章制度、限制措施，一般是规模较大和资信级别较高的公司或企业，经过有关部门审查批准后才准予发行。例如，我国发行的电力、铁路、石化等企业债券，风险是相当小的，其利率也相对较高。尽管如此，投资者购买债券时，树立风险意识仍是非常重要的。

② 期限不同。储蓄存款的期限通常较短，定期存款期限最长为8年，而债券虽也有1年内的短期债券，但多数期限较长，有的达几十年。近年来我国债券发行比较频繁，品种多样，长、中、短期债券相结合，适应了投资者不同期限的投资需要。

③ 流动性不同。流动性即投资工具在短期内不受损失地变为现金的能

力。活期存款流动性非常强，随时可以到银行转化为现金；但定期存款则缺乏流动性，储户若急需现金将未到期的定期存款提前支取时，不管需要多少，全部存款只能一次性支取，并按照活期存款利率计息。存款越多，期限越长，利息的损失越大。债券具有较强的流动性。债券投资者若急需现金，可以根据需要的多少将手中持有的债券在市场上进行转让，转让价格为市场价格，债券按规定利率和已持有期限应计而尚未支取的利息收入已包含在市场价格之中。当然，债券的流动性依赖于一个比较完善、成熟和发达的债券市场，也与债券本身的质量相关。一般来说，国债具有非常强的流动性，金融债券和上市公司债券流动性也较强。

④ 收益性不同。储蓄存款的收益是利息收入。我国目前的利率是由中国人民银行统一规定的，期限越长，利率越高。存款时每笔存款的利率即已确定，因此可以精确地计算可以得到的利息收入。存款利率如遇利率调整，除活期存款外，不会发生改变。

债券投资收益的构成相对复杂一些。债券投资收益最基本的部分是利息收入，但买卖债券时由于价格的变化还可能得到资本收益。若考虑复利，则分期支付利息的附息债券投资收益还应计入利息的再投资收入。

债券的实际利率一般高于同期限的定期存款利率。这里有两方面的原因：一是债券融资和银行存款在资金循环中的位置不同。债券融资是资金的最终使用者向最初的资金供应者融资，中间不要经过任何环节，节省了融资成本；而银行存款属于间接融资，资金存入银行以后，必须由银行发放贷款，资金才能到达最终使用者手中，所以资金最初供应者与最终使用者之间存在银行这一中间环节。

债券融资的情况下，资金最终使用产生的利润由使用者和资金提供者两家分割；而间接融资的情况下，资金最终使用产生的利润由资金使用者、银行和资金最初提供者三家分割，银行的存贷款利差一般为3%~4%。上述原因使债券的实际利率高于同期限的存款利率成为可能。

另外，从市场配置资源的一般要求来说，投资的风险越大，要求的报酬率越高。企业债券的投资风险高于银行存款，因此其投资报酬率（即利率）也要高于银行存款。

3. 债券与日常资金借贷的联系和区别

对这一问题我们只做一个简单的说明。两者之间的共同点是明显的，债券和日常资金借贷都是一种债权债务关系。但这种债权债务关系的具体表现并不相同。

首先，债券是一种社会化、公开化的集资手段。发行债券是将所需筹措的资金总额分成若干票面等值单位，在同一时间，以同一条件向社会各阶层筹措资金，即债券的债务人只有一个，而债权人却成千上万个。日常资金借贷所体现的债权债务关系却相对简单，只是单个债务人与单个债权人或数个债权人之间的关系。

其次，日常资金借贷往往是靠个人或公司信用，难免有借而不还的，但债券发行是严格控制的，一般只有信用好的发行人才能发行债券，其偿还是比较有保障的，所以，相对安全性较高。

最后，债券是一种市场化融资工具。债券具有流通性，即可以公开转让或在市场买卖。债券在市场上出售后，债权人也就随之转变，借款人只能将债券的持有者看作贷方，并向债券持有者支付利息和本金。

第十章

外汇投资：你最应学会的投资方式

第一节　主要的外汇投资品种

1. 外汇投资对象

参与外汇投资，首先要接触并了解外国货币品种，因为这是外汇投资进行的标的物，了解它们是必须的。

（1）美元

全球最重要的货币自然是美元，它是美国联邦储备银行发行的货币，货币符号为USD，俗称"绿背"。美元是外汇交易中的基础货币和主要货币，面额有1美元、2美元、5美元、10美元、20美元、50美元、100美元7种，辅币有1美分、5美分、10美分、25美分、50美分等，1美元＝100美分。

影响美元价格走势的主要因素有美国经济的整体表现（包括贸易经常账户、失业率、企业获利、生产力成长性等）、美元利率走势、美国股市表现以及世界其他主要货币（如欧元）的相对强弱程度。

（2）英镑

英镑是英国中央银行英格兰银行发行的货币，货币符号为GBP。英镑的面额有5英镑、10英镑、20英镑、50英镑，辅币为便士，1英镑＝100便士。

影响英镑价格走势的主要因素有英国中央银行（它有权根据通货膨胀率独立制定货币政策）、货币政策委员会（负责制订利率水平）、银行利率（主要是最低贷款利率，每月初发布一次）、国债利率（英国政府债券称为金边债券）、三个月欧洲英镑存款（存放在非英国银行的英镑存款）、财政部、三个月欧洲英镑存款期货（短期英镑）、各种经济数据、英国金融时报100指数（英国的主要股票指数）、交叉汇率等。

（3）欧元

欧元是欧洲中央银行发行的货币，货币符号为EUR。欧元的面额有5欧元、10欧元、20欧元、50欧元、100欧元、200欧元、500欧元，铸币有1欧分、2欧分、5欧分、10欧分、20欧分、50欧分、1欧元、2欧元，1欧元＝100欧分。

影响欧元价格走势的主要因素有欧元区国家及欧洲中央银行的货币政策、利率、三个月欧洲欧元存款（存放在欧元区以外银行中的欧元存款）利率、10年期政府债券（通常以德国10年期政府债券为基准）、各种经济数据（如GDP、通货膨胀率、失业率、财政赤字等，以来自德国的经济数据为主要参考）、交叉汇率、三个月欧洲欧元期货合约、政治因素（因为欧元区是许多国家组成的，所以这一点格外突出）等。

（4）瑞士法郎

瑞士法郎是瑞士国家银行发行的货币，货币符号为CHF，简称瑞郎。瑞士法郎的面额有10法郎、20法郎、50法郎、100法郎、500法郎、1000法郎，铸币有1法郎、2法郎、5法郎，1瑞士法郎＝100生丁。由于瑞士奉行中立、不结盟政策，所以瑞士法郎是稳健型投资者最欢迎的外汇交易货币之一。

影响瑞士法郎价格走势的主要因素有瑞士国家银行的货币流动性政策、利率、三个月欧洲瑞士法郎存款（存放在非瑞士银行的瑞士法郎存款）利率、各种经济数据（主要是货币供应量、消费物价指数、失业率、GDP）、交叉汇率、三个月欧洲瑞士法郎存款期货合约、欧元汇率的变动方向等。

（5）日元

日元是日本银行发行的货币，货币符号为JPY。日元的面额有500日元、1000日元、5000日元、10000日元，铸币有1日元、5日元、10日元、50日元、100日元等。

影响日元价格走势的主要因素有日本财政部（财政和货币政策的制定

部门）的货币政策、日本中央银行独立制定的货币政策、物价水平、经济景气指数、日本中央银行的货币政策、贸易顺逆差、隔夜拆借利率、日本政府债券利率、经济和财政政策署的政策、国际贸易和工业部的竞争力政策、各种经济数据、日经255指数（日本主要股票市场指数）、交叉汇率等。

（6）澳大利亚元

澳大利亚元是澳大利亚储备银行发行的货币，货币符号为AUD，简称澳元。澳大利亚元的面额有5澳元、10澳元、20澳元、50澳元、100澳元，1澳元＝100澳分。

影响澳大利亚元价格走势的主要因素有商品价格指数（澳大利亚元的汇率与金、铜、镍、煤炭、羊毛等商品价格存在密切关系，这些商品占澳大利亚总出口额的2/3）、日元和欧元走势（澳大利亚与日本、欧洲的经济联系密切）、储备银行委员会的货币政策、隔夜货币市场利率（现金利率）、财政大臣（负责任命银行行长、副行长）等。

（7）加拿大元

加拿大元是加拿大银行发行的货币，货币符号为CAD，简称加元。加拿大元的面额有2加元、5加元、10加元、20加元、50加元、100加元、1000加元，1加元＝100分，票面上有英语、法语两种文字。

影响加拿大元价格走势的主要因素有商品价格指数（主要是非能源商品，它占加拿大出口额的1/2）、加拿大银行的货币政策、隔夜货币市场利率（现金利率）等。

2.外汇投资方式

就投资方式而言，外汇投资也有很多种选择。

（1）即期外汇交易

即期外汇交易，是指在外汇买卖成交后，原则上在两个工作日内办理交割的外汇交易。即期交易采用即期汇率，通常为经办外汇业务银行的当日挂牌牌价，或参考当地外汇市场主要货币之间的比价加一定比例的手续费。

（2）套汇交易

套汇交易，是指交易者利用不同地点、不同货币种类、不同的交割期限存在的汇率差异，进行贱买贵卖从中谋利的交易行为。套汇可分为两角套汇和三角套汇（利用交叉汇率）。套汇具有无风险、金额大、易消逝等特性。

（3）远期外汇交易

远期外汇交易，是指外汇买卖成交后，货币交割（收、付款）在两个工作日以后进行的交易。外汇市场上的远期外汇交易最长可以做到一年，1～3个月的远期交易是最为常见的。远期交易又可分为有固定交割日的远期交易和择期远期外汇交易。

（4）套利交易

套利交易，是指利用两个国家之间的利率差异，将资金从低利率国家转向高利率国家，从而谋利的行为。可分为无抛补套利（没有外汇抛补交易，套利收益缺乏保障）和抛补套利（利用不同货币的利率差异，通过远期外汇买卖，消除汇率波动风险，获取无风险套利收益）。

（5）掉期交易

掉期交易，是指买卖双方在一段时间内按事先规定的汇率相互交换使用另一种货币的外汇买卖活动，通常包含两个方向相反的交易。可分为即期对远期互换（即买进或卖出一笔现汇的同时，卖出或买进一笔期汇）、即期对即期互换（采用隔日互换，使市场上的参与者轧平外汇头寸以及管理外汇资金）和远期对远期互换（对不同交割期限的期汇双方作货币金额相同而方向相反的两个交易）。

（6）外汇期货交易

外汇期货交易，是一种交易双方在有关交易所内通过公开叫价的拍卖方式，买卖在未来某一日期以既定汇率交割一定数量外汇的期货合同的外汇交易。

（7）外汇互换交易

外汇互换交易，是指交易双方通过远期合约的形式约定在未来某一段时间内互换一系列的货币流量的交易。

（8）外汇期权交易

外汇期权交易，外汇期权又叫货币期权，是一种选择契约，其持有人即期权买方享有在契约届期或之前以规定的价格购买或销售一定数额某种外汇资产的权利，而期权卖方收取期权费，则有义务在买方要求执行时卖出（或买进）期权买方买进（或卖出）的该种外汇资产。期权的买方获得的是一种权利而不是义务，可以使其到期作废，损失的只是预付的期权费。外汇期权按照交易性质可分为看涨期权与看跌期权，按照时间可分为欧式期权与美式期权，按照交易内容可分为现汇期权与外汇期货期权，按照交易场所可分为场内期权与场外期权，按照行使期权时协议价格与现汇汇率的差距可分为溢价期权、蚀价期权、平价期权。

第二节　读懂外汇术语

1. 基准货币

汇率报价中作为基础的货币，即报价表达形式为每一个单位的货币可兑换多少另一种货币。例如，欧元兑美元报价是以1欧元兑多少美元表示，所以其基准货币为欧元；而美元兑日元的报价，基准货币则是美元。

2.计价货币

汇率报价中的第二个货币，也称点差货币，因为其被用于表示盈利和亏损。

点差：1个点是汇率的最小计价单位。绝大多数货币对都是使用5位数字计价，并且大部分都是1位整数，4位小数，例如，EUR/USD的13720，1

个点就是小数位的最后一位，即0.0001。目前也有一些系统提供6位计价。

报价样式：外汇交易市场的汇率报价一般使用以下格式：基准货币 / 计价货币或买入价 / 卖出价。

交易成本：买卖点差的重要性在于它直接决定外汇交易中单向交易成本的多少。例如EUR/USD的汇率是1.3706/09，那么交易成本就是3个点（交易成本 = 卖出价－买入价）。

波幅：货币在一天之中振荡的幅度。

窄幅：30 ~ 50点的波动。

长期：一个月至半年以上（200点以上）。

中期：一星期至一个月（100点）。

短期：一天至一星期（30 ~ 50点）。

区间：货币在一段时间内上下波动的幅度。

买入价：买入价是报价中左侧的价格，是指市场针对某种货币可以接受的买入价格。交易者可以在这个价格卖出基准货币。例如，在EUR/USD的报价1.3706/09中，买入价为1.3706，意味着交易者可以卖出1欧元并获得1.3706美元。

卖出价：卖出价是报价中右侧的价格，是指市场针对某种货币可以接受的卖出价格，对于交易者而言，就是可以在这个价格买入基准货币。例如， 在EUR/USD的报价1.3706/09中，卖出价是1.3709，意味着交易者可以用1.3709美元买入1欧元。

买卖点差：买入价和卖出价之间的差异。例如，EUR/USD的报价1.3706/09中，06/09中间的3个点，就是该货币对的买卖点差。

上扬下挫：货币价值因消息或其他因素有突破性的发展。

揸：买入（源自粤语）。

沽：卖出（源自粤语）。

胶着：盘势不明，区间狭小。

盘整：一段升（跌）后在区间内整理、波动。

作收：收盘。

空头回补：原本是揸市市场，因消息或数据而走沽市（沽入市或沽平仓）。

多头回补：市场原走沽市，后改走揸市（揸入市或揸平仓）。

上探、下探：测试价位。

上档、下档：价位目标（价位上方称为阻力位，价位下方称为支撑位）。

卖压：逢高点的卖单。

买气：逢底价的买单。

底部：下档重要的支撑位。

单边市：约有十天半个月行情只上不下或者只下不上。

上落市：货币在一区间内来回、上下波动。

牛皮市：行情波幅狭小。

恐慌性抛售：听到某种消息就平仓，不管价位好坏。

交易清淡：交易量小，波幅不大。

交易活跃：交易量大，波幅很大。

交叉货币：交叉货币是指报价中不出现美元的货币对。交叉货币极不稳定，其交易过程涉及两种美元相关货币的交易。例如，买入EUR/GBP相当于买入EUR/USD且卖出GBP/USD。一般情况下，交叉货币的交易成本都比较高。

消耗上升：上升慢，下降快。

单日转向：本来走沽（揸）市，但下午又往揸（沽）市走，且超过开盘价。

破位：突破支撑或阻力位（一般需突破20~30点）。

假破：突然突破支撑或阻力位，但立刻回头。

获利了结：平仓获利。

停损：方向错误，在某价位立刻平仓认赔。

回档：在价位波动的大趋势中，中间出现的反向行情。

保证金：交易者在外汇经纪商处开设了保证金账户后，需要按经纪商要求存入最低保证金，可能的要求会从100美元到100000美元不等。交易者每次下订单时，经纪商会根据其交易货币、交易量、当前价格计算出该笔交易需要的初始保证金，并从其账户中划出。

打底：当价位下跌到某一水平后，一段时间波动不大，区间缩小（如箱型整理）。

止蚀买盘：作空头方向于外汇市场卖完后，汇率不跌反涨，逼得空头不得不强补买回。

杠杆：杠杆是指交易者的资金被放大的比例，它可使交易者可以通过很少一部分资金去操作大量资金来进行投资。

第三节　外汇投资的策略

外汇价格波动具有高度的随机性，这意味着：

第一，任何投资人从局部、短期而言都有可能赚钱，这极易引起人们对外汇投资的无限遐想。

第二，投资人从长期而言获胜的概率非常低。几乎所有的投资人都有盈利的经历，但多数外汇投资人很难对交易过程进行系统的分析，同时不具备机构或专业投资者所具有的先进的分析技术和交易技术，因此，大多数投资人在偶然盈利的情况下最终成为必然的输家。

与其他投资一样，外汇投资大体包括三个步骤：预测、决策和执行交易计划。

预测外汇市场主要有两种方法，基本面分析和技术分析。

基本面分析主要侧重于全球及所在国金融、经济形势、政治因素的发展变化，以便判断这种货币的供需影响因素。其中的宏观经济指标有经济增长率、国内生产总值、利息率、通货膨胀率、失业率、货币供应量、外汇储备增减、生产力要素、股票市场、债券市场、房地产市场，国际收支状况等。

技术分析则主要侧重于货币的价格变动和交易量数据，以此来判断未来走势。在这个过程中，主要是采取量化分析和图表分析两种手段，对货币超买、超卖限度以及影响汇率变动的各种因素作出预测。

但是世间万物都是变化的，价格有可预测的一面，也有不可预测的一面，价格运动是确定性与随机性的对立统一。正确理解价格运动的可预见性与不可预见性的关系对投资实践具有十分重要的意义，但以为一切都可以在交易之前预测、计划妥当，呆板地照搬预测来投资的话，则是一种盲动，有多少身家都是不够赔的。

外汇投资的第二步是在预测的基础上进行投资决策。其中也有很多原则可以遵守。

首先，用来投资的钱一定是"闲钱"，也就是一时之内没有迫切、准确用途的资金。因为，如果投资者以家庭生活的必须费用来投资，万一亏损，就会直接影响家庭生计。或者用一笔不该用来投资的钱来生财时，心理上已处于下风，故此在决策时也难以保持客观、冷静的态度，在投资市场里失败的机会就会增加。

其次，积小胜为大胜是长久立足的一个制胜法宝。古人云：不以善小而不为，不以恶小而为之。运用到汇市上，可以这样理解：不要因为利润太小就不去做，积小胜为大胜，才是常胜。

在外汇市场中，贪婪与恐惧的人性弱点被诠释得淋漓尽致。有不少人做不了大行情，又不把小行情放在眼里。他们喜欢做白日梦，往往梦想一夜暴富。一定要把人性的弱点克服，不要让它阻挡成功的步伐。

可以换一个角度来考虑愚公移山的故事，若愚公所移的山不是普通的山，而是金山，要想在朝夕之间把整座金山搬回家是不可能的，如果想用一天时间就把金山搬回家，非但没有可能，反而会把人累死。

外汇市场好比是一座金山，里面蕴藏着数不尽的财富。要想把它的财富在一朝一夕都收入囊中非但没必要，也是不可能的。我们应该把急于发财的心态放下，踏踏实实、一个点一个点地去赚取财富。记住一个重要的投资理念：炒汇最重要的并不在于你一次能够赚取多少，而是你能不能稳定地获利，长久地立足生存。

再次，不被"沉没价位"拖住。"过去的价位"往往是一个相当难以克服的心理障碍。不少投资者就是因为受到过去价位的影响，造成投资判断有误。因为一般来说，见过了高价之后，当市场回落时，对出现的新低价会感到相当的不习惯；当时纵然各种分析显示后市将会再跌，市场投资环境十分恶劣，但投资者在这些新低价位水平前，非但不会把自己所持的货售出，还会觉得很"低"而有买入的冲动，结果买入后便被牢牢地套住了。因此，投资者要记住："过去的价位"就让它彻底过去吧。

古人云：知易行难。外汇交易最后一步也是最难的一步，即执行交易计划。价格随机性特征的存在表明最好的决策也只是近似，而且具有风险。执行过程的难度表现在两个方面：一是在价格演变的过程中投资者始终必须在各种互相冲突的目标和看法中坚持自我保持平衡；二是在计划执行过程中应对行情进行跟踪确认，原定操作计划如果不符合或者不完全符合实际情况，就必须依照新的认识，构成新的判断，修改计划使之适合于新的情况，而如果市况不明，则出局观望。

最后，外汇投资还要果断明确地止损。订立一个止蚀位置（你所能承受的最大亏损位置），一旦市场逆转，汇价跌到止蚀点时，要勇于"操刀割肉"。这是一项非常重要的投资技巧。由于外汇市场风险颇高，为了避免万一投资失误时带来的损失，每一次入市买卖时，我们都应该订下止蚀

盘，即当汇率跌至某个预定的价位，还可能下跌时，要立即结清交易。这样操作，发生的损失也只是有限制、有接受能力的损失，而不至于让损失进一步扩大，乃至血本无归。因为即使一时"割肉"，但投资本钱还在，留得青山在，就不怕没柴烧。

第四节　了解外汇

外汇对大多数普通投资者来说都不陌生，你可能会说，外汇就是外国的钱呗。其实不止这么简单，根据《中华人民共和国外汇管理条例》的解释，外汇是指：外币现钞，包括纸币、铸币；外币支付凭证或支付工具，包括票据、银行付款凭证、银行卡等；外币有价证券，包括债券、股票等；特别提款权以及其他外汇资产。

外汇有广义和狭义之分，广义的外汇指的是一国拥有的一切以外币表示的资产；狭义的外汇指的是以外国货币表示的，为各国普遍接受的，可用于国际间债权债务结算的各种支付手段。它必须具备三个特点：可支付性（必须是以外国货币表示的资产）、可获得性（必须是在国外能够得到补偿的债权）和可兑换性（必须是可以自由兑换为其他支付手段的外币资产）。

从金融学中我们知道，货币虽然有很多的特殊之处，但仍然是一种商品。每一个国家的货币都是一种商品，这种商品的价格由供需关系，也由发行国的国家信用来决定，所以会产生变动。汇率的波动就由此而来。汇率是指一国货币用另一国货币来表示的价格，也叫汇价，通俗地说就是两个国家货币之间的比价。而人类的智慧之处就在于，能从所有价格有波动的地方找出获利的方法，外汇投资就由此而来。参与外汇投资的人多了，外汇市场就应运而生。

外汇市场是由银行等金融机构、自营交易商、大型跨国企业等通过各

种中介机构和通信系统连接起来的，以各种货币为买卖对象的交易场所。外汇市场既有有形的，也有无形的，前者如外汇交易所，后者如通过通信系统连接起来的银行之间的外汇交易系统等。

外汇市场最大的特点是有市无场。外汇交易不像股票交易那样有集中而统一的证券交易所，基本上是通过通信系统完成清算和转移，这就使得外汇交易方便快捷，却没有统一的规章制度可以遵守。

目前，全球的主要外汇市场有三十多个，分布在世界各地，但主要集中在亚洲的新加坡、东京、中国香港，欧洲的伦敦、法兰克福、苏黎世、巴黎，北美洲的纽约、洛杉矶等地。因为各国外汇市场所处时区不同，营业时间上此起彼伏，在全球形成了一个一体化、全天候、统一的国际外汇市场，只有遇到各国重大节日和星期六、星期天才会关闭，所以可以全天候交易。

外汇市场的出现不是谁规定的，而是具有客观规律的。由于不同国家和地区之间的进出口贸易商收付的货币不同，所以需要在外汇市场上进行兑换；两种货币之间的汇率每时每刻都在波动，这就使一些投机资金介入其中获取价差（这占外汇市场交易的绝大部分）；汇率的波动意味着以外币计算的企业资产价值会发生波动，为了对冲这种风险，同样需要通过外汇交易来抵消由于汇率变动所造成的外币资产损益。

第五节　认识汇率

汇率是两个国家货币的折算比率，又称汇价，是指一国货币以另一国货币表示的价格，或者说是两国货币间的比价，通常用两种货币之间的兑换比例来表示。在实践中，折算两种货币的比率，首先要确定以哪一国货币作为标准，这就是汇率的标价方法，包括直接标价法和间接标价法两种。

直接标价法是以一定单位（1个、100个或1000个单位）的外国货币作为标准，折算成若干单位的本国货币来表示汇率的方法，简言之，就是用本国货币给外国货币标价。绝大多数国家都采用这种方法。

间接标价法是以一定单位的本国货币作为标准，折算成若干单位的外国货币来表示汇率的方法，简言之，就是用外国货币给本国货币标价。

在外汇投资中，最重要的就是汇率，汇率的波动带来风险，风险带来收益，要知道整个外汇市场是一个零和市场，没有人亏钱，咱们从哪挣到钱？所以知晓汇率变化是由什么影响的，能够简单地预测汇率走势，是外汇投资的必修课。

汇率基础的决定与货币制度的演变有关，不同的货币制度下，决定汇率的基础是不同的。在金本位制度下，决定汇率的基础是货币的含金量，以此为基准点，来进行或上或下的小幅波动。但1929～1933年的金融危机以后，金本位货币制度彻底崩溃，各国普遍实行纸币本位制度，以国家信用来发钞。

在纸币本位制度下，由于各国货币发行脱离了兑换黄金的物质制约，货币的对内价值和对外价值势必发生变化，汇率作为两国货币的折算比价，就由两国货币在外汇市场上的供求状况所决定，并受多种因素的综合影响。这些因素包括财政经济状况、国际收支状况、利息水平、通货膨胀率、汇率及货币政策、重大的国际政治因素、市场预期等。各种因素的关系错综复杂，在不同时期，各种因素对汇率的影响有轻重缓急之分，并且，它们的影响作用有时相互抵消，有时相互促进。因此，要对各因素进行综合全面的考察，对具体情况做具体分析，这样才能对汇率变动的分析得出较为正确的结论。一般来说，影响汇率的主要因素，也就是我们分析的着眼点，主要有以下六个方面。

1. 货币政策

当央行认为对于外汇市场的干预是有效的，且干预结果将与政府的货

币政策一致时，央行在外汇市场的参与将影响汇率。央行的参与通常是通过买入或卖出本币，将本币稳定在一个被认为是真实和理想的水平。

市场的其他参与者对政府货币政策对于汇率影响的判断以及对于将来政策的预期同样会对汇率产生影响。

2. 政治形势

如果全球形势趋于紧张，则会导致外汇市场的不稳定，一些货币的非正常流入或流出将发生，最后的结果是汇率的大幅波动。政治形势与货币的稳定紧密相关，通常意义上，一国的政治形势越稳定，则该国的货币越稳定。但是这个理论也不一定，一般情况下，世界局势的动荡不安反而会使美元和黄金大涨，因为这两者都具有资金"避风港"的作用。

1991年1月17日美国实施进攻伊拉克的"沙漠风暴"计划。在这以前的一个月内，围绕美国究竟会不会出兵的猜测，全球外汇市场的价格走势忽上忽下、大起大落。每当美国政府要员发表态度强硬的讲话，表示要采取军事行动，美元就会在一天内大涨一波；而外汇市场听到有法国、德国等出面调解的传闻，似乎事件可以和平解决时，美元就会下跌。

在1991年1月17日战争爆发这一天，美元一开始也是猛涨。从英镑对美元的走势来看，英镑对美元的汇价跌到1.8990美元。当美国很快控制住局势，稳操胜券的新闻出现时，美元的"避风港"作用立刻消失，市场便开始抛售美元，英镑对美元的汇价猛涨到1.9353美元，以后的一个月内更是一路上涨。

实际上，根据美国和伊拉克两国的军事实力，任何理智的人都会认为美国会达到把伊拉克赶出科威特的军事目的。然而，外汇市场并不接受这种理性判断，而是根据交易者的心理和预期来确定价格走势。只有当事件被证实后，市场价格才会回到原来的趋势上去。

3. 国际收支状况

一国的国际收支状况将导致其本币汇率的波动。国际收支是一国居民

的一切对外经济、金融关系的总结。一国的国际收支状况反映着该国在国际上的经济地位，也影响着该国的宏观与微观经济的运行。

国际收支状况的影响归根结底是外汇的供求关系对汇率的影响。

由某项经济交易（如出口）或资本交易（如外国人对本国的投资）发生的外汇收入，由于外汇通常不能自由在本国市场上流通，所以需要把外币兑换成本国货币才能投入国内流通。这就形成了外汇市场上的外汇供给。

而由于某项经济交易（如进口）或资本交易（到国外投资）发生的外汇支出，要以本国货币兑换成外币方能满足各自的经济需要，所以在外汇市场上便产生了对外汇的需求。

把这些交易综合起来，全部记入国际收支统计表中，便构成了一国的外汇收支状况。如果外汇收入大于支出，则外汇的供应量增大；如果外汇支出大于收入，则对外汇的需求量增大。外汇供应量增大，在需求不变的情况下，直接促使外汇的价格下降，本币的价值就相应上升；当外汇需求量增大时，在供给不变的情况下，直接促使外汇的价格上涨，本币的价值就相应地下跌。

4. 利率

当一国的主导利率相对于另一国的利率上升或下降时，为追求更高的资金回报，低利率的货币将被卖出，而高利率的货币将被买入。由于相对高利率货币的需求增加，故该货币对其他货币将升值。

让我们举一个例子来解释利率是如何影响汇率的：假设有A和B两国，两国都不实行外汇管制，资金可在两国间自由流动。作为A国货币政策的一部分，该国利率被上调了1%，同时B国的利率水平不变。市场上存在着数额庞大的短期游资，这部分游资总在A国与B国之间流动以寻找最优惠的利率。当其他条件不变而A国的利率上调，巨额的短期游资就会流入A国以追求更高的利率。当游资从B国流出时，巨额的B国货币将被卖出以兑换A国货币。这样对于A国货币的需求上升，其结果是A国货币相对B国货

币走强。

多年来，资金的自由流动和外汇管制的消除是大势所趋。这种趋势为国际短期游资（有时称为"热钱"）的自由流动提供了极大的便利。需要指出的是，只有当投资者认为汇率的变动不会抵消高利率带来的回报时，才会将资金调往高利率的区域或国家。

5.市场判断

外汇市场并不总是遵循某一合乎逻辑的变动模式，往往也存在着难以明了的影响因素，诸如个人感觉、判断以及对于全球政治、经济事件的分析、理解，均对汇率产生影响。市场上的操作人员必须正确理解所公布的各种报道或数据，如外汇收支数据、通胀指标、经济增长率等。但实际上，在上述报道或数据向市场公开以前，市场上会存在一种对于报道或数据所反映的实质的预期或判断。一旦真实的报道或数据与人们的预期或判断大相径庭，就会导致汇率的大幅波动。仅能正确理解各种经济指标和数据对于一个外汇交易员是不够的，还必须明了市场究竟会对未公布的指标和数据做出何种预期和判断。

6.投机行为

市场主要操作者的投机行为同样是影响汇率的一个重要因素。在外汇市场上直接与国际贸易相关联的交易相对来说所占比例是不高的。大多数交易从实质上讲是投机行为，这种投机行为将导致不同货币的流动，从而对汇率产生影响。当人们分析影响汇率变动的因素后预期某种货币将上涨，就会竞相抢购，遂把该国汇率上涨变为现实。反之，当人们预期某货币将下跌，就会竞相抛售，从而使汇率下滑。

简单来说，就是大家都看好A国的汇率会上升，A国的汇率就会上升；大家都看好A国的汇率会下降，A国的汇率就会下降。当人类作为一个群体的时候，其智商实在是无法预估。牛顿爵士对此就有一句名言："我能计算天体的运行，却实在无法估量人类的疯狂！"

参考文献

[1]王坤.股票投资入门与实战技巧[M].北京：团结出版社，2014.

[2]罗斌.基金投资入门与实战技巧[M].北京：北京时代华文书局，2015.

[3]庄恩岳.炒股就是炒心态[M].杭州：浙江人民出版社，2008.

[4]荣千.炒股的智慧[M].上海：立信会计出版社，2015.